一生かかっても知り得ない

年収1億円手帳

富裕層専門のカリスマFP
江上 治
Osamu Egami

経済界

人間は逆境にあっては優れているが、
安全と富を得ると、
みじめで目的を失った生物となりがちである。

——デニス・ガボール

はじめに

稼ぐ人の手帳は「スケジュール帳」ではない。自己変革させ、「目的」を実現するための武器だ

ひょんなことで、私は意外な「盲点」に気づいた。

気づいてから、

「そうか、ここに稼ぐ源泉があったのか！」

独りで、思わず手を打った。

とてつもなく稼ぐ人たちの「手帳」である。

私はＦＰ（ファイナンシャル・プランナー）として、個人年収1億円超の50名を中心に、およそ1千名のクライアントを抱えているのだが、年収1億円超の人の「手帳」を見る機会を得て、そのあまりの内容の濃さに気づき、愕然としたのだ。

ついで、その使い方を取材するに及んで、

「手帳に対する考え方が、まったく違う」

再び、打ちのめされたのだった。


とてつもなく稼ぐ人たちには、共通する項目がいくつかあるが、

「稼ぐ仕組みを知っている」

「稼ぐための行動を習慣化している」

この2つの項目は、ほぼ絶対的に共通していると言ってよいだろう。

逆に稼げない人たちに共通する条件は、この鉄板の項目の裏側で、

「稼ぎ方が分からない」

「稼ぎ方のヒントを得ても、継続できない」

ということになる。

どうやって稼いだらいいかわからなくては、行動のしようがないし、「こうすればよさそうだ」とひらめいたにしても、三日坊主で終わってしまっては、いつまでたっても稼げない残念な人のグループから抜け出ることはできない。

まず「稼ぐ方法、仕組み、やり方」を知ること、それを知ったら、朝の洗顔や食事と同じように「その方法を習慣化してしまう」こと。この2つの項目を達成しなくては、いつまでたってもダメである。

この2つの項目について、とてつもなく稼ぐ人たちは、徹底的に「手帳」を活用して考え、脳に、身体に沁《し》みこませていたのである。

彼らにとって「手帳」は、まさに「稼ぐための武器」そのものだったのだ。

逆に、稼げない人たちは、そのことにまったく無知、無関心。

ここに、両者をどこまでも分ける断層があったのである。

「稼ぐ方法、仕組み」は、それぞれの人によって、すべて異なるのは言うまでもない。

あなたに合致したそれを発見するには、どうしたらよいか。

また、いかにしたら、習慣化できるのか。

これらを知らなくてはならないのであるが、実はこれらには「手帳」の在《あ》り方、使い方が、深くかかわっているのだ。

あなたが毎日、手に取り、開いて見ている「手帳」。

いったい、「手帳」とは何か。

直截的な表現を使えば、「手帳」とはあなた（持ち主）自身である。
そこに盛られているもの、盛られていないもの、すべてを含めて、あなた自身と言わなくてはならない。

例えば、あなたの「手帳」に「目的思考」はあるだろうか。

日々の行動や月間の目標が、何のために、何に向かって行われ、設定されているか、明晰に説明できる「目的思考」をバックボーンとしているだろうか。

もし、「手帳」にそれがなければ、あなた自身にも、ないのだ。

あなたは「手帳」とともに、着くべき目的の港を知らないまま、漂流する船である。

1年間、何のためにその「手帳」を使っているのか、つまりは何のために生きているのか、働いているのか、ついに知らないまま終わるのである。

あるいは、一つの成果（望む結果）をもたらしたその原因が、あなたにあるかどうか、瞬時に分別できるようになっているだろうか。

もし、成果（望む結果）とその原因について、まったく無関心な「手帳」であるならば、あなた自身もまた、自分の行ったことの意味に無関心なのだ。そういう人は、往々にして勘違いな毎日を過ごし、勘違いから起業したりするのである。

「手帳」は決して外に存在するものではない。
「手帳」の強みも弱みも、あなた自身の強み、弱みである。

だから強い「手帳」は、最も身近な、かつ1日たりとも手放せないビジネスの武器となる。あなたをもっと強力にするに違いない。

弱い「手帳」は単なるスケジュール帳として、バッグの中で眠りこけるだけのモノになる。あなた自身もぼんやりとした日々を過ごすしかないだろう。

あなたの考え方、使い方次第なのである。

特に、「稼ぐ仕組み」と「稼ぐ仕組みの習慣化」を知り、あるいはそれらを血肉化しようとするなら、強い「手帳」をつくるしかない。強い「手帳」はそのまま、あなたを強靭にしていくはずである。

本書では、とてつもなく稼ぐ人たちの使い方をベースに、
どんな考え方で「手帳」を使ったらよいのか。

何を、どのように、「手帳」に書き込むのか。

書き込んでから、どのように活用したらよいのか。

それらをいろいろな角度から、提案していきたい。

その内容を活かせるかどうかは、あなた次第である。

本書をヒントとして、あなたの「手帳」を、未来を拓く大いなる「武器」として活用していただければ、これに勝る喜びはない。

2013年年8月吉日

江上　治

第1章 年収1億円稼ぐ人は、「手帳」に何を書いているか

第2章 年収1億円稼ぐ人の手帳は、「目的思考」に貫かれている

第3章

年収1億円稼ぐ人の手帳は、自信を生む「過去手帳」

第4章

年収1億円稼ぐ人の手帳は、チーム力をつくる「映画手帳」

第5章

年収1億円稼ぐ人の手帳は、「自分ブランド」を徹底してつくる

第6章

夢も会社も永続するために

カバーデザイン◎岡孝治
編集協力◎エディット・セブン
本文デザインDTP◎ムーブ（新田由起子）

第1章

年収1億円稼ぐ人は、「手帳」に何を書いているか

稼ぐ道、成功への道は、いつの時代もただ一つだけ

「稼ぐ」ということに欠かせない条件とは何か、を考えてみたい。

ＦＰとして、あまたの「稼ぐ人たち」、とりわけ年収1億円以上の「とてつもなく稼ぐ人たち」に接してきた経験で言うと、その条件は意外にシンプルである。

「他と異なることをやる」

これに尽きる。

「人の行く裏に道あり花の山　いずれを行くも散らぬ間に行け」

という格言通りである。

みんなと同じ道で花を見ようとしたら、混んでいてろくろく楽しめない。だれも行かない細い裏道に入れば、ゆっくりと花見ができる。だが、だれも気づかないうちでないと、そのうちにこの道も混雑する（花が散ってしまう）。

早いうちが、まさに「花」なのである。

何とシンプルなことかと驚くかもしれないが、みんなと同じことをしても、儲けられるわけがない。どんなことでもいいから、異なる方法を取り、異なる分野でお金を稼ぐのである。

しかし、横並びが大好きな我が日本人にとっては、このシンプルな条件は高いハードルになる。

できればみんなと同じにしていたい。仲間外れにはなりたくない。

我が日本人の大多数は、それを念願している。

だからいいのだ。だれもができることであっては、挑戦する意味がない。群れないで頭を抜け出す強い意志を持っている人だけが、このハードルを超すことが出来よう。

「必ず稼ぐ人間になる。必ず他とはまったく異なる道を探してみせる」

こう決めた人間にとってのみ、「稼ぐ人たち」の仲間入りが可能になるのだ。

実に痛快な話ではないか。

事実、どの世界でも「他と違うこと」をして、大きく稼ぐ人がいる。

私の知り合いに、Hさんという、年収1億8千万円クラスの人がいるのだが、この人はドクターである。

医師という仕事は、どこに行っても、だれであっても、稼ぎは同じようなものだと思うのが世の常識だ。

しかし、そんな世界であっても、

「他と異なることをして、大きく稼ぎたい」

と考える人間はいるのである。

H医師がその一人だったわけだ。

彼は銀行員の息子として育った。父親の影響だろうが、小さいときから数字に強かった。

長ずるに及び、数字を読んで分析する力を身につけた。そんな特性を生かして、医療法人の経営者として成功したのである。

医師は、元来、職人と言っていい。医学知識を持っているのか、機械や電気の知識、技能を持っているのかが、他の職人と違うのであって、もともとは腕一本で世を渡る人たちだ。

この医師という職人は、ほんとうを言うと数字に明るくない傾向がある。裕福だから、数字（お金）に汲々《きゅうきゅう》としなくても生きていくことができる。

何しろ、他の職人より年収が高い。ふつうは2千万円から3千万円くらいの稼ぎがある。

ところが、ほとんどの医師はここで頭打ちになってしまう。

頭打ちにはなるが、金額が3千万円と高いから、特に不満は感じずに日常をやり過ごしてしまう。銀行に融資を頼めば、たいがい、二つ返事でお金を貸してくれる業種である。

もっと稼ごうと、あまり欲を出さないで終わる。

だが、H医師は、

「もっと稼げるはずだ」

と考えた。

そして一人の医師の立場だけに終わるのでなく、その医師たちをマネジメントする立場にも身を置いたのである。

数字を読み、分析する能力を生かして、彼らのよりよい生活の設計をする仕事に就いたのだ。

言ってみればタレントになるだけの生き方から、タレント事務所を経営する生き方に変えたのだ。

現在、医療法人のほかにも、不動産管理会社を運営し、NPO法人を立ち上げ、出版や講演にも活躍している。

このような医師は、ほかにもたくさんいるが、要は、

「横並びのドクターにはならない」

と決めて、異なる道に入った成功者ということになろう。

3千万円稼げば「ま、いいか」という人の多い医師の世界ですら、こういう人が現れるのだから、年収青天井の実業界に身を置いて「とてつもなく稼ぐ」を目指さない手はない。

年収1億円超の社長だけが知る稼げない人の「手帳」6つの共通点

稼ぐ人たちの「稼ぎ方」は、それぞれの人特有の「こだわり」である。何にこだわるかは、それぞれが別なのだが、そのこだわりこそ他との差異なのだ。

もっと稼ぐための「他と異なること」を求めて模索する中で、一つのよい結果が出る。**やってみてよい結果が出たというのは、それを生み出した何らかの理由があり、原因があってのことである**。

その理由、原因を分析していくと、おのずと「稼ぐ仕組み」が姿を現してくる。原因と結果については、この後でもう少し深く触れるが、ともあれ、ガツンと手ごたえのある稼ぐ仕組み、方法に出合ったら、それを継続して習慣化していく。

私のクライアントのとてつもなく稼ぐ人たちは、そのようにして現在を築き、あるいは現在進行形でさらに稼ぐ道を歩んでいる。

そうして重要なことは、「稼ぐ仕組み」と「習慣化」の過程で「手帳」が大きな武器としての役割を果たしているということである。

彼らは、徹底して手帳を活用する。

大きな意味でのビジネスに活かすだけでなく、生き方や日々の生活の在り方、お金の使い方、夢の確認など、ほとんど人生そのものに手帳を活かしていると言っていい。その特徴を列挙すると、次のようになる。

- **目的思考**
- **自信の源泉**
- **チームづくり**
- **自分ブランド**
- **永続性**

これらについて、第2章以降で詳しく見ていきたいが、ここで注目したいのは、実に貪欲《どんよく》に「すべてを成功させる」べく、手帳を完全に活用していることである。

貪欲、と記したが、まさに生きるということ、勝つということに「稼ぐ人たち」は貪欲である。

前記の1項目でも成功すれば、大きな果実がもたらされると思われるが、それは稼げない人の気持ちであり、すべてに「成功」を望むのが、稼ぐ人たちなのだ。

私が痛感するのは、私のクライアントのような、とてつもなく稼ぐ人たちの手帳観と、稼げない人たちのそれが、まったく異なるということである。

前者にとって手帳は自分史を記録して勝てる自分に変化させる武器であり、後者にあっては単なるスケジュール管理帳でしかない。稼げない人は、あまり手帳の存在や活用に重きを置いていない。

自分の存在と将来に、手帳は密接にかかわると考えている人と、スケジュールの備忘録程度にしか認識していない人とでは、思いの分量がまったく違う。おそらく途中までは大した違いがなかったにもかかわらず、いつからか両者が大きく隔たったのは、この思いの差によるものだと思う。

稼げない人たち、例えば私の会社のスタッフたちの「手帳」に共通する点は、次のようなものである。

①1ページ目に何も書かない
②スケジュールが中心
③明日、明後日と「先のこと」しか見ない
④自分のことだけ書く
⑤手帳にワクワク感がない
⑥サイズが小型

こうしたスタッフの中でも、私のアドバイスを受け入れ率先して手帳観を改め、稼げる人への発展途上に進んだ者もいる。5千万円の借金を抱えて入社3年、未経験の保険営業で全国7万人中ベスト5に2度入賞している笠井裕子《かさいひろよ》がそれだ。

彼女はマネーセミナー講師としても活躍しているが、ある時期にそれまでの手帳観を捨て、自分変革の武器として手帳に向き合ったのである。

変革に向かうとき、男女の差はない。実行する者が勝つのである。

1ページ目からすべての成長は始まる。行動の「基準」が確かな人こそ「稼ぐ人」

毎年、手帳を買って、

「さあ、頑張るぞ」

気持ちも新たに、ささっと初めに開くのは、たいてい、スケジュールのページである。

そうして、初めに書き込むのも、その時点までに決まっている約束、行事、出張の予定など。

初めの1日だけではない。1年間、そのようにして手帳は使われて、ついに最後まで使われないページがあることに、お気づきだろうか？

そう、表紙を開いて、最初に姿を現すページである。いわゆる「見返《みかえ》し」と呼ばれる白紙のページだ。

いく人かのサラリーマン、経営者に尋ねてみたのだが、1ページ目を使っている人はみごとにゼロであった。

「まさか、そんな、飾りのようなページまで使うことはないでしょ？」

「手帳は、自分で必要なところだけ使えばいいはず」

そういう人もいた。その通りである。

しかし、1ページ目は特別の場所なのだ。何より、ページを探す労力が全然要らない。表紙を開けばそこが1ページ目なのだから、ほとんど無意識に、そこを開くことが出来る。

ここを活用しない手はない、と気づいて、とてつもなく稼ぐクライアントに聞いてみると、驚いたことに多くの人が使っていたのだ。

経営理念を墨書《すみがき》した紙を貼りつけた人、

今年の目標を書いている人、

近々建てる予定の自社ビルの模型写真を貼った人など。

今いちばん大切だと考えている言葉やイメージ（写真、絵）を掲示しているのである。

以来、私も1ページ目に、「1年後のなりたい自分」として、5つの「1年後に望む状況」を箇条書きにしている。これを毎日、何回か、手帳を出すたびに見るのである。

ふつうの手帳の表紙は、メーカーのつくった、お仕着せの「表紙」である。

だが、このページは私のつくった「表紙」だと考えている。

実質的に、ここが私の手づくりの表紙なのだ。

面白いことに、同じことが書いてあるにもかかわらず、そして、毎日、何回か見ているにもかかわらず、見るたびに新鮮なのだ。

さらに、1年後の自分のイメージが膨らんでくる。自分の欠点や、やり残した大切なことなどを、はっと思い出したりすることもある。

今では最も重要なページになっている。

1ページ目の活用。手帳の活用としては、まさに盲点なのである。

8割の「ムダな予定」を捨てなさい。「会うのが仕事」と思っているから稼げない

稼げない人の手帳は、おおむねスケジュールが中心なはずである。

「え、手帳って、スケジュールを書き込むものなんじゃないの？」

そんな声が上がりそうである。

確かにどんな手帳にも、週単位で日付が並んでいて、毎日のスケジュールを書き込む欄が設けてある。その空欄に、いつ、どこで、だれと会うか、メモしていく。これ自体を良い悪いと言っているのではない。スケジュール欄があるなら、そこに毎日の予定を書き入れていくのは当たり前である。

私が「稼げない人の手帳はスケジュール中心」と言ったのは、

第一に、スケジュール管理だけの思考回路では、とても稼げる人にはなれない

ということ、

第二に、手帳をスケジュール管理だけに使うのは、まったく筋違いだし、もったいないこと、

2点を指摘しておきたいのだ。

第一の点について言えば、この種の人たちは「捨てる」大切さを認識していないのである。**捨てないから、最も重要なことに集中しないまま、エネルギーを分散させて日々を過ごす結果になる。**

スケジュール中心に思考が回ると、当然そういう人は予定表がうずめつくされることを喜ぶ。

だれにいつ会う、何をいつやる、といった予定で真っ黒になった手帳を見て、

「オレは仕事をしている」

という気分に陥ってしまう。

確かに「人に会うのが仕事」と言ってはばからない営業マンにとって、10日も20日も向こうの日付にまで予定が入っているのを見るのは、悪くない気分である。

私もそういう時期があった。

保険会社に入って、支社で営業を始めたころ、電話でアポを取り、手帳に書き入れているとき、次々と空欄が埋まっていくのに不思議な満足感、充実感を覚えたものだった。

だから、次々と人に会った。**しかし、必ずしも人に会うことが成果に結び付かない**。そういう時期を経験している。

この時期を私が早い時期に脱出できたのは、そのころのメンターである地方銀行の副頭取がいさめてくれたからである。この人は夜間大学を出て副頭取にまで昇進した伝説の人だった。

「江上くん、毎日、何人にも会ったらダメだ。1日に2人以上には会ってはいけない。集中しなさい」

2人だけに会う。

その2人のために提案資料をつくり、2人の家族構成から趣味嗜好、好きな食べ物、どんな場所・店で会えば喜ぶか、すべてを調べて会う。

手帳が黒くなるほどの人たちと会っていたら、そこまで手が回らない。

手が回らないということは、面会が粗雑《そざつ》になることである。粗雑になれば、当然、成果に結び付かない。人に会うことが目的だと考えている人は、成果を最初から期待していない人であると言っていい。

だが目的は成果にある。ふるいに掛けて、捨てるのだ。成果、収益に直結する2割を残して、8割は潔《いさぎよ》く捨ててしまわなくてはならない。

いま指摘したことも含めて、スケジュール中心の思考回路には、致命的な欠点がある。それが指摘した第二の点である。

つまり、その日々の行動が「どのような目的を達成するために」行われているのかという、最も重要な意識がないということである。この意識は、ビジネスを成功させるために必要不可欠なものである。

「何の目的で」その人に会うのか。

「何の目的で」今日、これを行うのか。

「何の目的で」これに資金を注ぐのか。

この「何の目的で」という意識を欠いた行動は、毎日を、1週間を、1ヶ月を、そして1年を、みごとにバラバラな不連続の集合体としてしまう。結果として、動き回っては見たものの何の成果も得られない1年とするのである。

成果が得られない行動は、仕事ではなく、「単なる作業」に過ぎない。

その人は1年間、仕事をしなかったと同様である。

つまり、日々の行動には、それを意味あるものとさせる、重要な要素を入れておかなくてはならないのだ。

それが「目的」であり、目的から引き出された「目標」である。

うちの会社に入社して1年半の大隅は、入社以来、毎日、忙しげに動き回っていた。いつも、だれかと電話で長話をしていた。夜も9時10時まで残業した。

だが、長らく「成果」に結び付かなかった。契約に結び付かなかったのである。

それが、ここ半年ばかり、急速に成績が改善してきている。なぜ、彼の成績は良くなってきたのか。

入社1年ほどの低迷を見たときに、私はこころをきめて、彼とじっくりと話をしたのである。そこで話したのは、次のようなことだった。

なぜ成果が上がらないかと言えば、君が動き回っているのは、仕事ではなく単なる作業だからだ。仕事なら目的、目標があり、成果をめざすべきものである。しかし君には、単なる何かの作業に従事している意識しかない。

一つ一つの行動に目的がなく、したがってそれを達成しようとして動いているのではない。百歩譲って、目的や目標があるとしても、人間は忘れる動物である。目的も目標も、どんどん忘れていく。忘れる動物だということすら忘れている。

また、確かな目的、目標を持たない人は、いつも非常に「受け身」の態度に終始する。君のように、電話で呼び出されれば、行くべきかどうかの吟味もなく出かけ、雑談に近い話を交わして帰ってくる。

そういう毎日ではダメだ。まず、毎日の仕事の目的と目標を明確にして動きなさい。目的と目標は、それがなくては仕事自体の意味がなくなってしまうほどの重要な前提なのだ。

このときの話に大隅は、日頃の反省も含めて、深く感じたらしいのである。「目的」「目標」を、机上の目につく場所と手帳に大きく書き、毎日見るようになったのだ。彼の仕事に「成果」が見られるようになったのは、これ以来である。

私は、美容室「ＥＡＲＴＨ（アース）」を全国展開する株式会社アースホールディングス（以下、「アース」と表記）のあり方、経営のやり方に大いに注目し、また学ぶ点を得ている。

本書では、國分利治《こくぶんとしはる》社長と同社ナンバー2の山下誠司《やましたせいじ》さんに何度か登場していただき、その考え方や生き方をご紹介したいと思うが、稼ぐための要諦としてたいへんに参考となるはずである。

國分社長は、「アース」の目的を、

「日本一の美容院グループをつくる」

ことに置いている。

それを実現するために、人生にいくつかのポイントを設定し、それぞれに具体的な目標を描いて進んできて、現在に至っている。

現在の目標は、

「１００人の優秀なＦＣ経営者を育てる」

こと。

現在は60人ほどで、年商200億円。目標が達成されるとグループ全体のパワーは2倍以上になるわけだ。

この目的、ポイント設定（ロードマップ）、各段階の目標を國分社長は手帳に記し、しかも常にそれを見て、現在の進捗を確認している。

目標を達成する手段、方法を手帳にメモし、達成期限から逆算してスケジュールをつくるのである。

手帳はそのように使うモノであり、スケジュールは目標の実現のための階梯である。それはそれとして重要であるが、しかし「手段」の一つにすぎない。

スケジュール管理思考の人は、いちばん大切な大前提（目的・目標・それを達成するためのロードマップ）なしに、毎日を過ごしている人なのである。

稼げるはずも、成功するはずもない。

いきなり「先のこと」ばかりを見るな。「望む結果」は「過去」の集積の上にある

スケジュール管理思考の延長線上にある共通点であるが、要は明日、明後日、1週間先と先にしか目が行かない、昨日や1週間前、1ヶ月前の過去は間違っても見ない、そういう欠点である。

「え、欠点？　手帳ってそういうモノじゃないの？」

と驚いているあたりで、要反省と言えよう。

後ろを見るな、前を見よ、それがプラス思考だと教えられているから、どうしても前のめりの前傾姿勢で毎日を過ごすようになる。

確かに、過去の失敗にこだわり、いつまでも未練たらしく愚痴《ぐち》を言い続けるというのは、格好が悪いし、いい結果を招くことはない。

だが、私は大隅など会社のスタッフに、

「席を立ったら前のめりで出て行かずに、今までいた席を振り返って見直せ」と言っている。

椅子をきちんと机の下に戻し、机の上を点検してから出かけても、どれほどの時間もかからない。そのわずかな時間を「過去」に意識を向けるだけで、落ち着きを得るはずである。また、忘れ物に気づいたりすることもある。

何よりも私たちが忘れがちなのは、今日、明日、明後日という未来が、昨日まで続いてきた過去の日々の延長線上にあるということである。

未来は、いきなり顔を表すわけではない、ということだ。

目的に至るための目標、その目標を達成するための成果の積み重ね。

こうした逆算のトップダウン思考で日々を過ごしていかなくては、いつまでたっても「とてつもなく稼ぐ人」の仲間入りはできない。

やみくもに動き回って、勘違いしながら「作業」を続けていけば、「そのうちに何とかなるだろう」というボトムアップ思考では、ただ疲れるだけで、決して成果を得ることはできない。

成果とは、その仕事をするにあたっての「望む結果」である。

原因と結果の法則で言えば、何らかの「結果」については、必ずそれをもたらした「原因」がある。「原因」のない「結果」などというものは絶対にない。

この原因と結果で、サラリーマンがよく誤解するのは、自分が原因なのか、自分以外の何かが原因なのかということだ。「望む結果」が得られたとしても、問題はそれをもたらした原因が、何か、だれかである。

自分の仕事で成果が出たとしても、上司が優秀で、彼のアドバイスに従ったことが重要な要素だとしたら、その「望む結果」の「原因」となったのは上司である。自分に力があると勘違いしてはならない。

あくまで、「望む結果」に対して、常に自分が「原因」となるようでなくてはならないのである。**「自分原因の成果」を積み重ねていくことにこそ意味がある。**

では、望む結果をもたらす原因が自分であるような、そういう自分をどのように発見したらよいのか。ここに「過去」の重要性がある。

自分という人間は、過去の集積の上に存在しているからである。

では「過去」の何が重要なのか。

ここで言う「過去」は、昨日、一昨日、1週間前、といった近い過去も含まれるが、本格的な意味としては、誕生以来の「過去」である。ビジネス上で言えば、仕事を始めたころから今日までの長いスタンスである。

単にスケジュール帳として手帳を使ってきた人にとっては、数年間の手帳は既に遠い過去になっているかもしれない。しかし、机の隅に残っていたら、引っ張り出して、久しぶりに自分の過去と対面してみてもらいたいものだ。

何を見るのか。

あなたの「過去」にも、成果を得るに成功した経験、失敗した経験がぎっしりと詰まっているはずである。**その事実とそれに至るプロセスを見ていくのである。その経験を思い出しながら、どのような条件下で勝ち、あるいは負けたのか、それらを復元していくのである。**

昨日までの手帳の記録を集め、分析してみて欲しい。

それによってあなた独自の勝ちパターン、負けパターンが姿を現してくるのだ。

私はよく社員に言うのだが、魚釣りのことを考えれば、よくわかると思う。**自分が釣ろうとしているのが、マグロなのか、アジなのか。それをまずは明らかにして、その魚ごとに異なる、釣りの仕掛けをしなくてはならない。その上で、釣れた場所や餌、状況、魚を逃したときの状況を、そのつど、克明に記録する。**

こうしていくことによって、勝ちパターン、負けパターンが見えてくるのだ。**自分の勝ちパターンを見つけた人間ほど強いものはない。**

しかし、こうしたことをしっかりと記録し、分析している人は、実に少ないはずである。だからこそ、本書の読者には強くすすめたいのだ。

むろん、これから新しく手帳を使おうという人は、この「過去」をどのように記録し、特に「勝ちパターン」をどのように活用して「望む結果」に結び付けられるか、について十分に考えていただきたい。

確かな未来は、懐かしい過去にある、と言う学者もいる。西欧文明への追随、物質文明の追求で疲弊した現代の日本を、もう一度構築しなおすとしたら、現在の延長上になされるのではなく、はるかに過ぎ去った江戸時代の循環型社会に求められるのではないかというのである。ビジネスの世界においても同様のことが言えるのではないか。温故知新は決して古い概念ではない。

そうだとすれば、一度立ち止まって、過ぎ去った「過去」をしっかりと思い出し、現在に生き返らすべきものに命を吹き込まねばならないのである。

生まれて以来の長い過去を復元することはまた、その人の「自信」を復活させることにもつながる。目的思考とは別次元の話になるのだが、たいへん多くのビジネスパースンが自信を失っている現代では、たいへん大きなテーマである。

自信を復活するには、過去にさかのぼるしかない。この後の「ワクワク感」とも緊密に関連するのだが、主体的に孤独な時間をブロックして十分に確保し、「自分とは何か。自分の夢、才能は何か」をじっくりと考え、記憶を手帳にとどめるのである。

ともかく先を急いだところで、得るものは何もない。過去こそ、輝かしい未来のための宝庫だと理解してもらいたい。

そのための手帳であって欲しいのである。

人生を苦しくしているのは自分自身。「イメージ」から入れば、楽になる

せちがらい時代の特徴なのかもしれない。夢のない生活が、手帳というツールにも反映されてしまっているのかもしれない。

つまり、だれの手帳も、ワクワク感のない、何とも面白くないモノに成り下がっている。自分の手帳を、だれか、毎朝、ワクワクしながら手に取っている人がいるだろうか。

むろん、いないわけではない。

私のメンターの一人である健康飲料の会社を営むK社長の手帳には、アメリカの名門ゴルフ場、オーガスタ・ナショナル・ゴルフクラブの青々した芝生のコースの写真が貼られていて、手帳を開くたびに、顔をほころばせていた。

オーガスタでプレイすることが夢だったのであるが、驚くべきことにK社長は実現してしまった。

オーガスタの会員になるには、アメリカに会社をつくる必要がある。だから、つくった。社会貢献をしたものでないと会員となる条件が欠落するのだが、K社長は社会貢献が好きなのだ。福岡でも潰れそうなゴルフ場を立て直して、雇用と安価にゴルフをしたい人々の楽しみを守ったことがある。

K社長はアメリカでも、あるゴルフトーナメントが廃止されそうになったとき、協賛金を出したことでチャンスを得た。それが社交貢献と認められ、みごとに会員になることが出来たのである。

夢を持てばそれがモチベーションになる。頑張る起爆剤になる。そういう夢、ロマン、必ず成し遂げたい目的。ワクワクと、心躍る何かが、いつも自分の近くにある手帳に入っていれば、楽しいではないか。

そのワクワク感の座る場が、ほとんどの人の手帳にはないのである。

ワクワク感はイメージである。

現代人は、イメージから入ることが少なくなって、理屈を言うことが多くなっている。数字で言ったり、効率を重んじたり、確率でものを考えたりするようになっている。

私はどんどん人間が小さくなっている証《あか》しだと思う。

確率で考えていくのは、一見、賢そうなのだが、よく考えてみればこの発想は冒険を奪う発想なのである。

例えば、確率による発想に従えば、起業はばかばかしいほどリスキーである。なぜなら、起業する人間の9割が失敗に終わっているからである。こんな世界に自ら好んで入ろうとする人間は、どこか狂っているとしか思えない。

しかし、新しいことを成し遂げようとする私たちのスピリットは、その確率を超えて、勇躍《ゆうやく》、起業に挑戦するはずである。

そこにロマンがあり、ワクワク感がある。人間の素晴らしさがあると思う。

今年、80歳の登山家、三浦雄一郎さんが三度目のエヴェレスト登頂に成功したことが話題になった。**恐らく三浦さんは、頂上に立つイメージをふくらましなが**

ら、**エヴェレストの厳しい雪渓《せっけい》を登ったことだろう**。イチローを始めとしたすぐれた打者も、一つのイメージを持ちながら打席に入るはずである。

私は外資系保険会社に勤めているとき、代理店支援営業・新規開拓分野で全国1位を4回受賞したが、客に会う前には必ず目をつむり、イメージトレーニングをしてから入ったものだった。

自信のない20代のときには、車に乗って、長渕剛や矢沢永吉の歌をガンガンかけて、自己暗示のイメージを与えて、営業に行ったものだった。それで実績が出来れば、自信の積み上げで出来る自己イメージを常に持つようにしたものだ。

また、3億円、4億円を稼いでいた、同じ会社にいた伝説的な営業マンのNさんは、朝、起きると、アリスの「チャンピオン」をボリュームを大きくしながら流して、心に焼き付けていた。

それによって、「チャンピオン」のイメージを膨らませていたのだという。

厳しい時代であるからこそ、夢を、ロマンを持つ。その夢やロマンに一歩でも近づくために、ワクワク感のある手帳でありたい。

「他者思考」を持って記録する、「今の自分」を変える手帳に改めよ

おおむね稼げない人の手帳は自分のことだけ、それもスケジュールを中心に細々とメモされているものだ。

そこには、同業者やライバルの動向や分析といった他者思考が見られないし、したがって自分を他者とは異なる、よい方向に変えるために手帳を活用しようという視点がまったくない。

つまり、「自分ブランド」を確立しようという方向性が見られない。

自分ブランドとは、自分の強み、自分と他者との差異である。

自分の強み、自分と他者の差異は、そのまま自分の武器になる。自分ブランドを発見し、確立するための手帳でなくてはならない。

出来れば自分ブランドは20代で発見したいものだ。30代にはその武器を使ってお金を大いに稼いでいきたいものである。

むろん、80歳の三浦雄一郎さんがエヴェレストを登頂し、75歳の芥川賞作家が生まれる超高齢化社会だから、年齢はこの際関係ないと言っていい。

ビジネス書の著者にセミナーなどで会ったとき、

「セミナーで、受講者に反応のよかった話は何だったたか、教えてください」

と尋ねてみることがあるのだが、ほとんどの著者が、「うんと、そうですねえ」と考え込んで出てこない。いかに日々の行動で気づきを得ようとしていないか、歴然としたものがある。だからそういう人の講演は面白くない。

他者思考がないのである。

他者思考とは、他人と比べることとは違う。

他人と比べる人は多いが、それをしていてはストレスがたまるばかりになる。

他者思考は比べるのではなく、他者に一つのテーマを持って注目することである。

マーケティングであり、関係性の追求である。

他者と自分との関係性を明らかにしていくことによって、自分への気づきが得られる。それが自分らしさ、自分ブランドにつながっていくのである。

自分への気づきは、他者の反応の克明な記録によって得られることが多い。その点にやや手がかかるが、その効果は大きい。

私は当社の笠井裕予のセミナーでは、同行した社員にあることを指示している。それは、たった一つ、彼女の話を聞いた客が、どの話材のときにうなずいたか、受けたかを、逐一、記録することである。

私たちの記憶力は、それに１００％頼れるほどには強くない。情報があふれている現代ではなおさらで、記憶するだけでなく記録を取らないと、たちまち情報洪水に流されて忘れ去ってしまう。

セミナーでどんな話材が客に共感させたか、どんなテーマに客が真剣に耳を傾けていたか、それを主体的に受け入れていかなくてはならない。笠井の場合には、客が関心を持った話、受けた話、テーマだけを記録し、さらに磨きこんでいく。それを繰り返していくのだ。

その記録の分析による情報が次からのセミナーに役立ち、笠井というブランドを高め、市場から求められる講師になっていくのである。

こうしたことは一般のビジネスでも同様である。

商談に行って、話がうまく行ったとか、行かなかったとかいうだけで終わっては何にもならない。

どんな話をしたときに、相手がどんな反応を示したのか、同業者はどのような行動を取ろうとしているか、自分のビジネスに協力しようとしている人はいるのか、そうした他者の動き、反応に敏感になって、しかもそれを手帳に克明に記録していくことである。

自らの手を使って記録することで脳髄が刺激され、次の行動のヒントが浮かぶこともある。他者の観察、その記録、分析を通じて、自分らしいビジネススタイルができていけば、これはもう成功に近い場所にいると言っていい。自分ブランドが確立されつつあるのだ。

手帳は、自分ブランドをつくるためのモノでなくてはならないのである。

こうした他者情報を観察、記録し、分析する過程で、たいへん重要になってくるのは、変換力である。他者情報を自分の役に立つような情報に変えなくては、単なる「よそ者の話」で終わってしまう。

これではもったいない。「アース」の國分さんも山下さんも、この変換力に、感心するほどすごい能力を持っている。

例えば、他の美容室などと「アース」が違うのは、徹底して異業種から学んでいることなのだ。接客法やマナー、マーケティング・リサーチなど、貪欲に異業種から学んでいる。同業者から学んでも、それは社内の勉強会と変わらないから、一切、やらない。

だが、その異業種情報はそのままでは、自社に活かせない。安易に持ち込もうとすれば、実に薄っぺらなものになってしまう。

異業種の情報を活かすには、「自分の会社に役立たせるためには、どうしたらよいのか」といった観点からの、変換力が不可欠なのである。いったん、この観点で濾過《ろか》したものを自社に水平展開するから力になる。

この変換力こそ、常に他者思考を働かせている中で培われたものなのである。

できるだけ「大きな手帳」を使いなさい。夢と目的を実現する「武器」なのだから

小型の手帳はポケットにも入るし、バッグの中でも邪魔にならない。たいへん便利なものであることは確かである。

しかし、ボリュームの上で、書き入れる情報は極めて限定される。

スケジュールが中心であれば手帳は小型でも構わないだろうが、稼ぐ人間になるためには、もう少しさまざまなことを書き入れる手帳であったほうがいい。

目的や目標を常に見たほうがいいし、ロードマップを書き入れて、ときには修正したいし、夢を表現した絵や写真も貼りたい。ときには記憶のためやイメージの表現のためにイラストも描きたい。

そうなると、あまり大きすぎるのも考えものであるが、稼ぐ人間の持つ手帳として、ある程度の大きさは、どうしても必要になってくる。

少なくとも、ここまで書いてきた、稼げない人に共通したマイナス点を、十分にカバーできるだけのボリュームがなくてはならないだろう。

要はコンテンツである。

私は手帳に対する認識を、だれもがそろそろ改めたほうがいいのだと思う。

行動を「管理する」手帳ではなく、自分の「人生の選択」の道具であり、「夢と目的を実現する」武器であるような手帳でありたい。

手帳を開くのが、見るのが、楽しい、そういう手帳でありたい。

そうした手帳を1年使いきれば、次の年の考え方も行動も、ガラッと変わってくるはずなのである。

自己変革は1冊の手帳から始まると言っていいのである。

第1章のポイント

稼ぐ人の「手帳」活用法

●稼ぐ条件は「他と異なることをする」。これに尽きる。

●スケジュール中心の思考回路には2つの致命的な欠陥がある。1つは、多くの人に会おうとして、面会が粗雑になること。もう1つは、「何のために」という意識がないことだ。これでは成果を出すことなど絶対にできない。

●過去をよく見よ。過去を分析して、現在の「結果」を生んだ「原因」は何なのか、その「原因」は自分なのか、ほかの人なのか知ることが重要だ。

●魚釣りでは、魚ごとに異なる釣りの仕掛けをし、釣れた場所、餌、状況、また魚を逃した状況を克明に記録する。それによって、勝ちパターン、負けパターンが見えてくる。

●他者の動きを観察し、記録せよ。それによって自分への気づきが得られる。

●夢はモチベーションになる。頑張る起爆剤になる。そういう心躍る何かが、いつも自分の近くにある手帳に入っていれば、楽しい。

第2章

年収1億円稼ぐ人の手帳は、「目的思考」に貫かれている

「忙しい」のは、先に「目標」を立てるから。「目的」がないから、死にたくなるのだ

わが国のサラリーマン、経営者は、ひどく疲れたような表情をしている。いや、疲れたような、ではなく、実際に疲れているのである。

なぜ疲れているのか。

多忙だから、というのは、皮相的《ひそうてき》な見方である。

多忙というなら、私のクライアントのとてつもなく稼ぐ人たちは、超多忙である。「アース」の國分さんは年収4億円だが、休日は元日1日だけ。毎日、北海道から沖縄まで飛び回っている。

ナンバー2の山下さんも、健康飲料会社のK社長も同じで、国内外を飛び回り、夜は遅くまで遊び、睡眠時間は短い。山下さんは1日3時間しか眠っていない。

しかし、彼らは疲れた顔を見せない。毎日が楽しそうである。

その差はどこから来るのか。

私は自分の経験からも、それが「目的」を持ち、達成しようと生きる人と、「目標」に追いまくられるだけの毎日を暮している人の、決定的な違いだと理解している。私のサラリーマン時代にも、実は「目標」はあったものの、「目的」はまったくなく、私は疲労困憊《こんぱい》していたものだ。

私は日本の損保会社に入社し、外資系保険会社でMVPを2年連続で取ったところで退職し、独立した。そのサラリーマン時代、成績を上げれば上げるほど、同行の依頼が来たりして、仕事が増えたものである。

保険会社で（保険会社だけではないかもしれないが）仕事のできる人間には、会社は「もっとやれ、もっと」と働かせる。与えられる目標は年々上がる。その目標に挑戦して達成すると、さらにハードルは高くなる。

ラットレースをしているようなものだ。

目標だけの生活は、心身をひどく疲れさせるのである。心の病にかかる人も出る。自殺者も出るのは、目標に追いまくられるだけの生活には、何の充足感もないからである。

「なんで俺は、こんな仕事をしているんだろう」

馬車馬のように働きながら、いつも私はそういう思いを胸の隅に抱えていたものだった。**それが夢も目的もない生活ゆえであり、自分ではなく他人（会社）に原因する目標ゆえであることが分かって、区切りのよいところで辞めたのである。**

私が疲労困憊になったのは、「やらされ感」の中で動き回っていたからだった。それでも私が何年かサラリーマン生活をやりおおせたのは、所属している組織も全部、全国トップの成績を上げられて、上司が評価をしてくれたからだ。

しかし、世の疲れた顔のサラリーマン、経営者の方々のほとんどは、そういう評価、承認もない世界で、独りよがりの目標に悪戦苦闘しているはずである。

たいへん、きつい、と思う。

私は、そういう方々には、「1日も早く、目的思考を持ってもらいたい」と願い、提案したい。おそらく、疲れ方がまったく違う世界に移動できると確信する。

だが、この目的思考は日本人がいちばん苦手とする思考なのである。

「主体的に」見ようとしなければ、「目的」は見えてこない

「あなたの今年の目的は何？」

と尋ねたとき、高校生や大学生なら比較的スムーズに答えが出てくるだろう。

彼らは学校という狭い世界に生きていて、その世界から突き抜けた目的を持つ必要がない。「今年の目的」と限定されれば、入試や就職、スポーツ大会や文化祭といった身近なイベントが迫っているから、

「大学に合格することです」

「野球の全国大会に優勝することです」

すらっと答えることが出来る。

そういう彼らも、「3年後の目的」「5年後の目的」と時間の範囲を広げると、

「3年後？　そのころはサラリーマンをしているけど…わかりません」

「5年後なんて考えたこともない」

一転、答えが出にくくなるに違いない。その3年後、5年後には、すでに学校から離れた世界にいて、その世界では何を目的にした生き方をすればよいのか、想像もできないからである。

あるいは時間的な限定を変えて、

「あなたの生きる目的は？」

と尋ねても、彼らが答えに窮《きゅう》するのは同じであろう。

学校という世界では、生徒や学生は主体的に「目的」を考えなくともいいようにできている。それは環境が、いつの間にか設定しているものだからである。つまり彼らは、知らない間につくられた目的を、あたかも自分で考えたかのように、

「入試に合格すること」

「野球大会に優勝すること」

と答えればいいように仕向けられている。

いうなれば主体的に考えることなく、受動的に受け入れればOKの世界である。

問題は、そのような受け身の生き方をすれば良しとする学校に、高校までの12年間、大学までなら16年間も過ごすために、多くの人が、卒業しても「主体的に」「目的を考える」習慣を身につけないことである。

実際に、学校を出た世界でも、サラリーマンになれば、主体的に目的を考えなくともいいような生活を続けられるようにできている。

年間計画やら売り上げ目標やら、何から何まで自分で考えなくとも上から降りてきて、それを言われた通りにやれば、給料やボーナスという報酬にありつけるわけである。

こういう状況の中で、わざわざ凡人が「主体的に」「目的を考える」という、面倒くさいことなどは、するわけがない。

「目的」の代わりに何を考えるかと言えば、ひたすら「手段」を考えることになる。目的と手段を取り違えて平気なのは、こうした背景があると言っていい。

しかし、中心にあるはずの「目的」を忘れて、手っ取り早くノウハウ本を読んで「手段」ばかり勉強してみたところで、成果を得られるわけがないのである。

着く港も知らない漂流船になりたいか

サラリーマン社会で、組織の上から降りてくるなかにも、実は、「目的」という概念が入っていることはまれである。

目的と目標は、しばしば混同される。

冒頭の質問も、「今年の目標は」と言い換えても通じてしまう。むしろ、「目標」と言ったほうが、通りがいいかもしれない。

この後で述べるように、目的は、目標とはまったく違う、ある「重さ」を持っている。**先ほど記した年間計画や売り上げ目標なども、「目的」の範疇《はんちゅう》には入らない。まして「会社の目的」「自分の目的」ではない。**

サラリーマンに比べれば、独立独歩の企業経営者には「主体的に」「目的を考える」姿勢が、まだ強いと言っていいだろう。問題はそのような企業経営者においては、「目的をいかに達成するか」である。

それにしても多くの会社のトップ自体に、「会社の目的」が、どれだけの濃度で浸み込んでいるのか、私は疑問である。

きちんとした創業社長ならば、「会社の目的」を軸にして、会社の活動、計画を練り上げているに違いないが、二代目、三代目になれば、社長室の額の中だけに、それは収まっているにすぎないだろう。

それほどまでに、普通の人の世界と、「目的」を軸にした世界とは距離を持っている。「目的を軸にした世界」の「思考」を、私は「目的思考」と呼ぶことにするが、二つの世界の距離が空いているからと言って、

「では、目的思考は、重要ではないのか」

と問われれば、

「目的思考こそが重要」

と、正面から答える。

目的思考とは、一言で言えば、

「すべてを目的から発想する」

ことである。まず目的ありき。その目的からあらゆることが始まる。

こうして「目的」「目的」と連呼するのは、当たり前の理由からである。

とてつもなく稼ぐビジネス活動にするか、まったく稼げないビジネス活動にするか、この両者の分岐点が、ただ一つ、達成すべき目的を考え抜き、そのための戦略を立てることができたかどうかにあるからだ。


達成すべき目的を意識せずに展開しているビジネスなんて、どこの港に着くかわからずに漂流する船のようなものでしかない。

漂流船のようなビジネス活動では、とても「稼ぐ」ビジネスにはなり得ない。**自分が何のために日々の行動をしているのか、その意味すら、まったく分かっていない人が、なぜ稼げるようになるだろう。**

そして、そうした漂流船のように、目的を忘れて迷走しているビジネスマンやビジネス集団が多いのも事実なのだ。

目的を「まず考えるか」「まったく考えないか」によって、実は私たちは天と地ほども異なる世界に存在することになる。

能動的に目的などを考えず、常に受け身で生きていくスタイルを、仮にボトムアップ型と呼ぶことにしよう。

底（ボトム）から、与えられたものを積み上げようというわけだから、いわば虫の目で近視眼的に世界をとらえ、他人任せで歩いていく生き方である。

人に命じられたことだけをしていくしかない人たちが、これにあたるだろう。彼らには「人にやらされている」という「やらされ感」で一杯だから、自分で考えていくことなどできない。

ある意味で、自分で考えなくともいいわけだから楽な生き方ではあるが、実際には楽ではない。あれをやれ、これをせよ、報告せよ、と指示を待ってその通りにやらなくてはならない人生だから、忙しいし、やらされ感でクタクタになる。

これに対比するものを、トップダウン型と呼ぼう。

トップダウンであるから、鳥の目で広く世界をとらえ、日々、やらなくてならないことを、目的という天空の至上命題から発して、まっすぐに地上の（毎日の）自分の行動に落とし込む生き方である。

つまり、目的思考である。

稼いでいる企業経営者や、優秀なセールスマンがこれにあたると考えていいだろう。自分の目的や行動を自分自身で考えていくわけだから、一筋縄ではいかない生き方ではあるが、何もかも自分で決定している爽快感がある。

積み上げていく思考ではなく、結果（望む結果）から、原因となる自分に毎日の課題を投げかけ、着実に実現していく思考である。

彼らもまた多忙ではあるが、楽しげであることは、ボトムアップの人々の比ではない。

目的を考えに入れた生き方以外に、私たちの選択する世界はないと言っていい。

目的は概念的に目指すべき価値観を表している。企業であるならば、こういう企業にしたい、という到達点である。

夢はややもすると現実から遊離しかねない面があるが、その「ありうべき会社の姿」「理想とする事業」を現実の世界に移し替えた概念である。

経営者個人として考えれば「生きがい」になるべきものである。

目的はそのような性格のものであるから、一挙に実現できるものではない。これを実現するためにいくつかの目標を設け、着実にこれをクリアしていくことによって、目的地点に近づいていくことになる。

目標は経営計画であり、数値で表されることが多い。

この目標を計画的にクリアしていくために、目的到達から逆算した目標達成の期限、さまざまな手段、そして日々の行動がある。

こうした目的と目標、そして日々の活動を関係づければ、**「目的から逆算して、それに到達するに必要な目標、手段、期限を設定し、日々の行動に具体的に落とし込む」**ということになろう。

『手帳』は、まさにこれらを実現する武器、ツールとして存在しているのである。

「日本一の美容室になる」目的のもとで、「百人の経営者をつくる」目標を立てる

既に簡単に紹介した、年収4億円、(株) アースホールディングスの創業者であり代表者である國分利治さんは、同社の目的を、

「日本一の美容サロンにする」

と明確に設定している。

この目的を実現するためには、いくつかの目標をクリアしていく必要がある。同社のフランチャイズ制のもとには、平成25年6月現在、60社ほどの加盟社(店舗数は220店)があり、60人の経営者がいるが、國分さんは、

「100人の経営者をつくる」

ことを「目標」としている。より高度なスタッフを自前で養成しようと、美容学校の設立も「目標」の一つとして設けている。

「目的」と「目標」は、しばしば混同されて使われるが、両者はこのように異なるものだ。**目標を達成していくことによって「目的」に到達するのである。**

また、同社には「統一を目指さず、個性を伸ばす」というコンセプトがある。このコンセプトはフランチャイジーの選択基準であり、人材育成のバックボーンとなっている。「統一を目指さず、個性を伸ばす」を組織の考え方として敷衍《ふえん》すれば、「才能を分かち合う」ということになる。

いろいろな人がいて、さまざまな才能がある。それぞれの才能を開花させるチームは強い。

プロ野球でも、ある時期のジャイアンツは、エースと4番バッターばかり集めたチームだった。金太郎あめみたいに、スターばかりだった。ならば強かったかと言えば、逆で弱かった。スターは「オレが、オレが」の自分中心で、才能を分かち合わない。

そのマイナス面が明らかになったので、方向転換した。いろいろな選手の個性を尊重してチーム力を上げる方向に転換し、断然強いジャイアンツに変わった。

よく國分さんは、

「自分と同じ人間はいらない」

と言うことがある。

ときに経営者は、自分に似た幹部を重用したり、従業員を鋳型《いがた》にはめたがったりするが、國分さんの方針は180度、それとは違う。

フランチャイジー経営者が100人いたら100人、社員が3千人いたら3千人、すべて異なっているべきだと言う。


ここで、これまで述べた目的、目標、コンセプトが、アースホールディングスでは、すべて一つにリンクしていることに注目していただきたい。それぞれがバラバラに独立しているのではないのだ。


例えば、日本一の美容サロンをつくるために、100社のフランチャイジーをつくろうと考える。100社になれば、現在の2倍のパワーになるのだから、売上額も現在200億円の2倍の400億円になるわけである。

現在トップの美容院グループの年商は300億円ほどだから、まさに、日本一の美容サロングループの誕生である。

ただ単に規模が大きくなるのでは意味がない。みんなが生き生きしていなくてはならない。それぞれの店に個性がある。美容師やスタイリストに個性がある。一つの色に染めるのではなく、個性を伸ばす方向で人材を教育して、それらが総合的に同社のパワーとなっていく。質量ともに日本一を実現できるのである。

また、フランチャイズの経営者として各店の経営志望者が育っていくのであるが、そのための人的資源もまた、美容学校を自前で経営することで充足できる。フランチャイジーが多くなれば、当然、スタイリストも美容師も多く必要になるのだ。特に「アース」は、ほとんどがスタッフが100名ほどの大型店である。

このように、目的、目標、コンセプトが一体となっているわけである。これが同社の強みになっている。

それぞれが思いつきのバラバラで、全体として妄想となっている人や会社では、強さが出てこない。強さがなければ、稼げない。稼ぐ人、会社は「稼ぐ原因」を自ら創っているのである。

絶対達成できる手帳活用法。「目的思考」5大ステップ

「目的思考による稼ぐ行動5大ステップ」を、手帳と関連づけて着実に身につければ、あなたの稼ぎ方、稼ぐ行動が、大きく変化するに違いないのである。

5大ステップとは、次の5点である。

①何のためにやるのか（目的）
②なぜ、それをやるのか（理由、動機）
③いつまでに、それをやるのか（期限）
④どのようにやるのか（方法）
⑤いかに継続するか（習慣化）

何よりも、事業をする「目的」である。ここからすべてが始まる。どのような「目的」が自分にはあるのか、自分の会社の「目的」として何がふさわしいか、それを思うがままに書き出して欲しい。

出尽くしたなら、そこに書き連ねられた「目的」が、ほんとうの目的と、実は目的を達成するための目標ではないかを吟味しておきたい。

私たちが「目的は？」と自問自答していくつかの答えが出てきたとき、それぞれが連関していると考えたほうがいい。**心で最も重く抱えている目的の、その周辺にある「達成したいこと」「達成しなくてはならないこと」が、このときに同時に出てくるのである。それは目的ではなく、目標である。**

ここで「目的」と「目標」を混同してしまうと、小さなこと（目標）を成し遂げるために、それよりはるかに大きなこと（目的）をクリアしていくロードマップをつくってしまいかねない。

そうなっては行動が空回りするだけになり、成果に結び付かない。

それを明らかにするために、例えば、

「早く達成できそうな目的」

「時間がかかっても、達成したい目的」

を考えてみる。


後者の目的がほんとうの「目的」であり、前者はその目的を達成する過程の、一つの目標ではないか、吟味する。

また、「それは生き甲斐になるか？」「夢といってもいいか？」と自問する。目的は、経営者の生き甲斐になることが多いし、夢であったりするから、「イエス」と答えが出れば「目的」である。

目標は、「20店舗の出店」「売上げ10億円」などと数字で表現されることが多い。ここでいう数字は相対的な数字である。「日本一」はこれ以上はない絶対的な数字（地位）を表すから目標ではなく、目的となる。

このような吟味を行っていくと、真に「目的」と考えていることを成し遂げるために、どのような目標をクリアしていかなくてはならないかが、この段階で明確になるのである。

手帳を活用した「目的思考」5大ステップ（例）

STEP1［目的］

・経営者として成功する

STEP2［理由・動機］

・人の下で働きたくない
・年収１億円の生活をしたい
・地域の人々に尊敬されたい

STEP3［期限］

・２年以内に起業し、５年以内に会社を軌道に乗せる

STEP4［方法］

・２年後の起業に向けた準備（資本金、人脈、商品の充実、１年ごとの目標、ロードマップ作成）
・成功するために準備（経営の勉強、ＰＲ方法、販路の開拓）

STEP5［継続・習慣化］

・事業成功のイメージをイラストにして手帳に貼る
・妻と両親に宣言
・親友に成功を約束

なぜ、それをやるか、やりたいか。「理由」があいまいな人間は弱い

目的を達成するために必要な項目が、「理由・動機」「期限」「方法」「継続・習慣化」である。いずれも重要な項目であり、明確にしておいたほうがいい。**なぜ、その目的を達成するのか、という理由、達成したいと考えた動機、それは何なのか**。この理由・動機がきちんと明確である人は、行動にあいまいさがない。「やる」か「やらない」か、瞬時に選択、決定する。

選択、決定が速いということは、基準値が確かということである。言い換えれば「欲望」の自覚がはっきりしているということになる。

逆のタイプは常に選択があいまいだ。「やる」も「やらない」もあいまいで決定できない。なぜなら、「やる」理由も「やらない」理由も、あいまいだからである。中途半端に稼いでいる人が、いちばん危険だというのは、そういうことだ。

年収６００万円から８００万円くらいの人が、いちばんあいまいである。「与えられた仕事を最も上手にやる」のが、この層だからだ。何となく、これ以上稼がなくとも生きていくことができると思っているから、稼ぐ理由も、稼ぎたいという動機も生まれない。

どうにも生活が窮屈な年収が３００万円なら、「とてつもなく稼いでやる」という野心、欲望がめらめらと燃えてくるだろうが、中途半端なクラスの人は、そうしたロマンさえ心に芽生えない。

目的達成の理由・動機がはっきりしている人は、手帳に堂々とそれを書くことである。**しかもその理由・動機を人に見せて、公然とするのがいい。**手帳に書き、人に見せることとは、社会と約束したことになる。

そのこと自体が、目的達成への意欲になるはずである。

目的には、それを達成する期限がある。目的達成には、手段、方法から入らないことが重要である。あくまで期限をはじめに決めることだ。

手段をどうする、方法はどうだと理屈をこねることから始めると、いつまでたっても目的は達成できない。

それよりも「いつまでにやる」と、期限を切ることだ。そうすれば知恵はおのずと湧いてくる。手段、方法も分かってくる。

私たちは追い込まれると、けっこう、いろいろな力を出すものなのである。

その期限は、中小零細、あるいは個人の営業マンならば、短期で考えることが基本である。私は長くても1年単位だと考えている。

むろん、1年ですべての目的が達成できるわけではない。そのために、この後述べる「ロードマップ」をきちんとつくり上げる必要が出てくる。

大きな目的には、何年かかかるかもしれないが、そこに至るまでの1年ごとに、年間の目標を掲げることである。

それを1年ごとに着実に達成していく。1年また1年と、目的を達成していけば、3年後、5年後には、どれほどのことが実現できているだろう。

未来の「望む結果」に、自分が原因となって、1歩1歩近づいている実感を味わうとき、あなたは去年とまったく違う自分になっていることに驚き、また大きな自信を感じるに違いないのである。

つくり上げたロードマップは、手帳の冒頭部分に貼り付けておきたい。

「継続、習慣」はさほど難しくない。人と約束すればいいのだ

会議のやり方も、成果も、目的思考によって変化するだろう。

会議の中で課題を考えさせると、だれもが固まって良い案が出て来ないものだ。

しかし、会議の前にあらかじめ考えさせておくと、会議自体はわずかな時間で終わる。成果も大きい。

あらかじめ考えさせると、それは目的思考で自主的に考えることになるのだが、会議中であっては、「やらされ感」で追い詰められてしまうのであろう。自信も失ってしまうだろう。その違いにほかならない。


稼ぎを継続するために、稼ぐ方法を習慣化しなくてはならない。

私は、まず人と約束することだと考えている。

「こういう目的を持って、いつまでに達成しようと考えている」と宣言するのである。それが自分自身に対する、継続への強制力となる。

その目的を達するために必要な事業資金を、借金する。これも強制力になる。

強制力と同時に、夢を掻き立てる装置を設けておくと、それは継続へのエネルギーになる。

私のクライアントの、ある経営者は、手帳の第1ページに、近々着工する、大きな自社ビルの模型図を貼っている。それが日々の活動の原動力になっている。自分をワクワクさせることも継続への力である。

私は年収1億円を目指す会員制クラブ「1億円倶楽部」を主宰しているが、ここでは固定概念を変えるための行動を、常に約束し合っている。

それはある意味、常識はずれの約束なのだが、固定概念を変えなくては、ステージ（世界）を変えることにはつながらない。

仲間（私は戦友と呼ぶ）をつくって約束し合うというのも、継続のためには有効な手段である。

「1年間」の目的から「週単位」の目標、行動へ

さて、ロードマップのつくり方についての私の考え方をご紹介しておきたい。

例に挙げてあるのは、私の会社（株）オフィシャルの「ロードマップ」である。

これは会社の笠井裕予が中心となって作成したものだ。


タテ軸が「行動」、ヨコ軸が「計画」である。

「依存型ではなく、信頼・成長し合う顧客との真のパートナーシップをつくる」を「目的」とする。

この目的に至るまでに、当社では3つの目標を設定している。

【第1目標】

- 社長とのコンセンサスを一致させる
- 自社の分析
- 顧客の分析
- コンセプトの明確化

【第2目標】

- 税理士、会計事務所と提携し、セールスプロセスを仕組み化
- 月に法人開拓4件を開拓、売上げをプラス200万円（月）達成

【第3目標】

- 自社のサービスメニューを確立し発信
- ライフプランをブランド化
- 社長のコンテンツ、商品化

「目的思考」で考えるロードマップ（例）

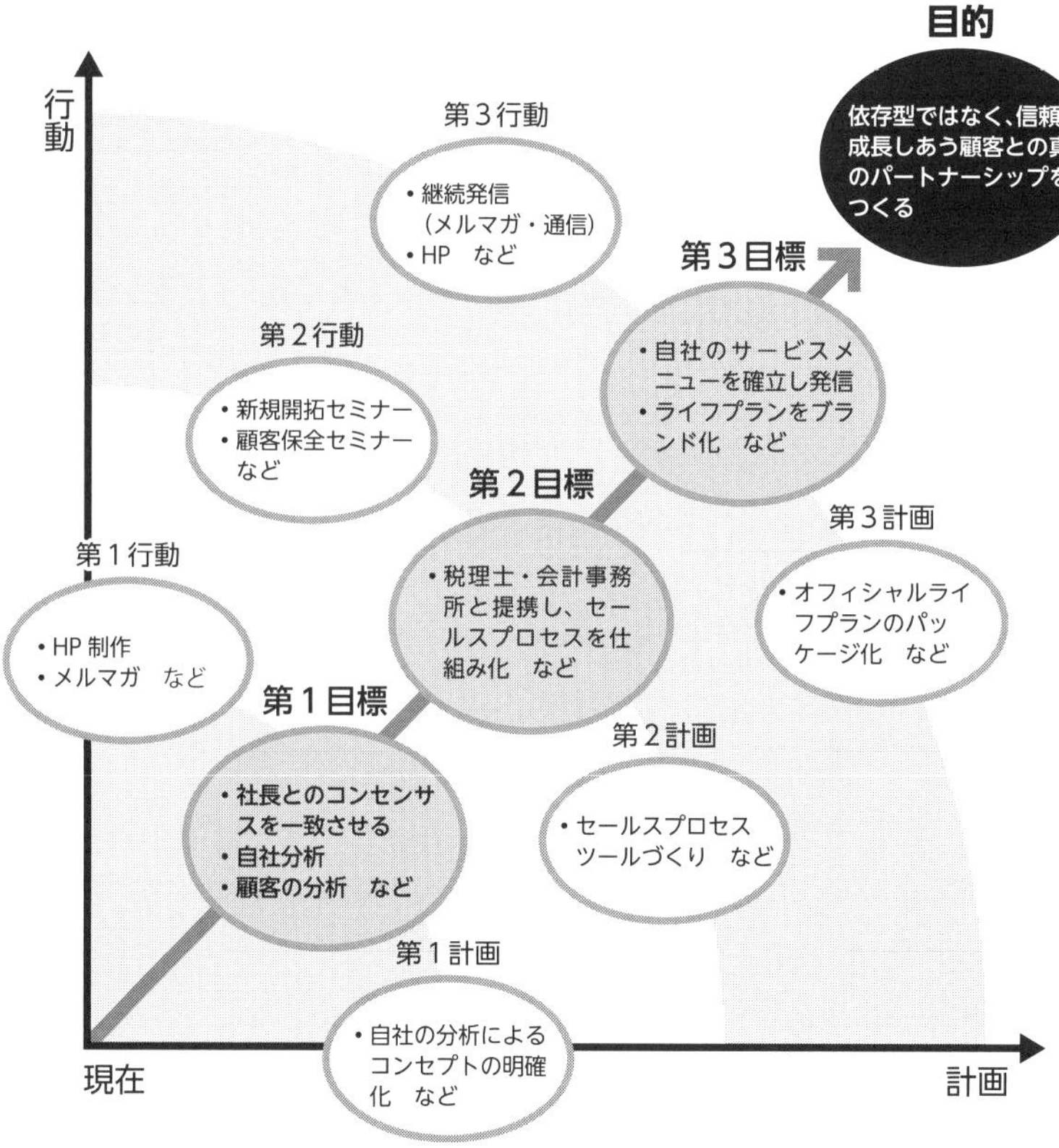

目的
依存型ではなく、信頼・成長しあう顧客との真のパートナーシップをつくる
行動
第3行動
・継続発信（メルマガ・通信）
・HP　など
第3目標
・自社のサービスメニューを確立し発信
・ライフプランをブランド化　など
第2行動
・新規開拓セミナー
・顧客保全セミナー　など
第2目標
・税理士・会計事務所と提携し、セールスプロセスを仕組み化　など
第3計画
・オフィシャルライフプランのパッケージ化　など
第1行動
・HP制作
・メルマガ　など
第1目標
・社長とのコンセンサスを一致させる
・自社分析
・顧客の分析　など
第2計画
・セールスプロセスツールづくり　など
第1計画
・自社の分析によるコンセプトの明確化　など
現在
計画

各目標を核として、それぞれの「行動」「計画」を設定していく。

- 身内マーケットの整理
- ツール、資料の見直し
- 成功事例の見直し
- 自社の分析によるコンセンサスの明確化
- 顧客分析をし、戦略顧客の明確化

などである。

これが年間の企業活動概念図になる。１枚のＡ４シートに集約して、みんなで目的、目標、行動、企画を共有できるところに、この年間・企業活動概念図（ロードマップ）の利点がある。

大企業であれば中長期の計画を立て、年間の計画に落とし込む余裕があるが、一般の中小零細企業ではそんな余裕はない。創業オーナーは毎日が決算日なのである。体裁などにかまっていることはない。この１年をどのように確実に、できるだけ多く、稼いでいくかが課題だ。

各目標は、最終的な「目的」からトップダウンで導き出される、「絶対にクリアしていく必要のある事項」である。

また、各目標を囲む「行動」「計画」は、各目標を実現していくために必須の項目である。

これらは最終的には図のようにコンパクトにまとめられているが、実際にこの概念図をつくるときには、

「何を目標にするか」

「行動、計画は何があるか」

をテーマに、それぞれ100個以上出そうと、ディスカッションした。

みんなでマインドマップをつくり合ってもいい。整理して、項目に「期限」を入れれば、ロードマップになるだろう。

項目はたくさんあったほうがいい。初めから条件や規制を出さないことだ。たくさん出た後で、絞り込んでいけばいいのだ。

書いていくと、頭も整理されていく。

肝心なのは、リラックスしてやり合うことである。重要なロードマップづくりではあるが、気持ちが固まっていてはグッドプランも浮かんでこない。

要は「目的」に行きつくまでの「地図づくり」である。

やってみたいこと、やりたいこと、をこだわりなく出し合えばいいのだ。

ロードマップができた後に、実際に行動し始めて、

「これはムリ」

「優先順位が違う」

となったら、書き換えればいいだけのことなのだ。

動かしてならないのは「目的」である。

これさえ明確であれば、この「目的」に到達する道はいくつもあるはずで、それを1枚の紙の上に表現することなのである。

年間のロードマップができたら、当社ではさらにこれを3ヶ月ごとのロードマップに落とし込む。

「何を、だれが、いつまでに、やるか」

一人ひとりの3ヶ月行動計画である。

注意すべきは、あくまで年間のロードマップの中の3ヶ月であることを見失ってはいけないことだ。

この3ヶ月の到達目標をクリアするためには、各月をどのように行動するか、週間ではどうか、と、順次、今日・明日に落とし込んでいくのであるが、細部に行けばいくほど、年間の「目的」、各「目標」が重要になる。

年間の大枠の中で、現在の行動はどのような位置づけにあるか、今週の行動は「目的」とどのような関わりを持つか、これらが常に意識されていなくてはならない。


もう一つ大切なことは、計画に盛り込む行動のすべてにおいて、

「自分が主体的に関わる」

「自分が原因となる」

ことをはっきりと意識していくことだ。

決して他人が原因となるような、他人任せの計画、行動であってはならないことを銘記しておきたい。

こうして出来上がった「目的」と「年間ロードマップ」は、手帳の初めのよく目立つ位置に貼り付けておきたい。

毎日、それを確かめ、意識をそこから外さないようにしていくことで、確実に「望む結果」が近づいてくるはずである。

とてつもなく稼ぐ人というのは、緻密《ちみつ》で、実現可能性の高い（抽象的ではなく具体的な）ロードマップが出来ているものである。

目的が明確になれば、「無意識」が働く

目的思考を持ち、手帳を武器として活用しながら仕事をすることで、世界は徐々に変化してくる。

最も大きな変化は、意識の方向である。目的思考を持たなかったときは散漫であった意識が、集中して一定の方向に向かう。

「アース」では、入社3年目とか店長クラスとかのレベルで分けて会議を行うが、その会議の中で「目的」と「現況」について、状況を共有している。

このときに、「目的」を共有することによって、みんなの意識が全部その中心に向かうことになる。すると、目的という着地点から現況を見直すから、改善点も推進点も正確に、素早く見つかるのである。

また、目的が明確であると、必要な情報に、常に意識が向かうようになる。

映像を見ても、本を読んでも、人と会話していても、目的に合った情報のピックアップに鋭敏になり、それのみを取り入れるようになる。

逆に、無関係な情報はすぐに捨てることになる。稼ぐ人の決断が速い理由が、ここにある。

「アース」の取締役で、31歳で年収1億円を達成した山下誠司さんを見ていると、このことがよく分かる。

彼は人と話しているとき、相手の話をよくヒアリングし、よく観察している。明確に目的思考だから質問も的確になる。気づきも鋭《するど》い。

その意識は、今、「100人のFC経営者をつくる」という「アース」の目標をいかに達成するか、に一貫して向けられている。ムダというものがない。

その山下さんが目的思考で生きていたのは、昔からである。

山下さんは24歳で「アース」に入社し、店長をしながら経営者修行をしているとき、創業者・國分利治さんの話す言葉をすべて手帳にメモし、後でパソコンに整理した。

それは実に徹底していて、口癖やぼやき、行動まですべてを記録したという。

なぜなら、仕事の虫の國分さんは、酒を飲んでも、

「フランチャイズのオーナーになる人材とは？」

「どういう人が伸びるか？　伸びないか？」

といった話を夢中でする。

それを聞き逃してはならない、と考えたからだ。**その理由は、山下さん自身、「経営者になる」ことを目的に生きていたからである。**


山下さんは静岡県出身。父が銀行員、母が学校の先生をしていて、堅実で安定した家庭に育ったのだが、ときたま、父の取引先の会社経営者が遊びに来た。いい車に乗って、ときにはお小遣いをくれる、その経営者の姿を見て、

「格好いいな、自分も経営者になりたい」

幼心に決めたのだという。

高校を出てから上京し、都内の美容専門学校に入学。19歳で都内の美容店に入社した。

サンクチュアリ　30年計画
（カッコ）＝サンクチュアリ単体
PLUS
設数などを集計
「全国理美容新聞」
新規購読のお願い
2007
12 30歳。ブラックカードを取得。
31歳。年収1億円を超える。
6 31歳。
【年収1億円】
2008
(株)アースホールディングスが設立され、取締役になる。
6 32歳。(有)サンクチュアリを、(株)サンクチュアリに組織変更。
7 32歳。フェラーリF430スパイダー購入。
8 32歳。新ブランドSANCTUARY誕生。
11 32歳。新潟エリアの本部づくりに着手。新潟吉出店を出店。
32歳。
2009
4 33歳。タバコを止める。
9 33歳。札幌エリアの本部づくりに着手。
既存店であった、札幌駅前店などの運営権を獲得。
10 33歳。群馬エリアの本部づくりに着手。前橋店を出店。
12 33歳。アルファード購入。
2010
12 33歳。10年休みなし達成。
6 34歳。
2010
8 34歳。ブルガリの腕時計(世界限定)を購入。
11 34歳。50店舗を超える。
11 34歳。
12 34歳。シガーを止める。
2011
1 35歳。
4 35歳。山梨エリアの本部づくりに着手。甲府昭和店を出店。
5 35歳。
2012
3 36歳。
2013
37歳。自社から輩出したフランチャイズ16社
60店舗、スタッフ数700名

■「EARTH（アース）」山下誠司さんの手帳

山下さんの使う手帳は１冊。特徴的なのは、通常のスケジュールのほか、パソコンでつくった独自のデータ、超長期計画、新聞・雑誌の切り抜き（縮小したりする）、振り返りのための自分史、目標などを貼り付けていること。移動時間やちょっとした空き時間、食事時などに常に目を走らせて、意識に沁みこませている。

10年で年収1億円を実現した「3条件」

初めに入った美容店でも、独立してサロンを持ちたい夢を社長に話した。社長は了承したが、しかし、いつまでたっても独立の夢は叶えられない。

このままでは飼い殺しになってしまう、と考えた山下さんは、24歳の12月に退社、翌年の1月、縁あって國分さんと出会う。

國分さんは、前の美容室の社長と異なり、全部、開けっ広げに「アース」のシステムを話してくれた。その姿に魅力を感じて、山下さんは「アース」に入社したという。

ここで國分さんが山下さんに話した、アースホールディングスのシステムに、簡単に触れておいたほうがいいだろう。

（株）アースホールディングスはそれぞれ独立したフランチャイジー（美容店）の集合体である。加盟美容室の人材教育、資金融資などのほか、シャンプーの開発・販売を行う。

現在は60社ほどのフランチャイジーが加盟し、國分さんはビッグモア株式会社を、山下さんは株式会社サンクチュアリを経営している。

それぞれの美容室は直営店を展開（山下さんは60店舗を展開）し、優秀な店長には経営学を学ばせて、フランチャイズ・オーナーの道を歩ませる。

しかも、業界の常識では赤字店を譲ることが多いのに対して、黒字店を持たせる。（株）サンクチュアリから、10年間に輩出した経営者は16名で、全国に展開している。

また、フランチャイズ・オーナーは（株）アースホールディングスの運営事項について、平等な権利を持つ。決定事項に関して、國分さんも山下さんも、最近オーナーになった経営者も同じ1票を持つという。

これは独立を目指す美容業界の人間にとって、実に魅力あるシステムである。

山下さんは「アース」直営店の店長をして1ヶ月ほどたったとき、國分さんとお酒を飲む機会があった。そのときに、

「私も、経営者になっていいですか？　そのためにアースに来たんです」

「いいよ」

そういう会話があったという。

國分さんは酒の席の話題で軽く答えたつもりだっただろうが、直後、ロンドンに國分さんが行っている留守に、山下さんは会社（サンクチュアリ）を登記してしまったのである。

ここが凡人と、とてつもなく稼ぐ人の差だ。目的を持っていて、チャンスと見たら、迷わないで行動する。行動する人にしかチャンスは来ないのだ。

帰国して、報告を受けた國分さんは驚いただろうが、「わかった」と即承認し、翌年11月にはFC店にしている。

その後も、目的思考で國分さんの教えを素直に実行した山下さんだが、19歳で美容業界に入ったときの年収180万円から、

「アース」に入社したとき＝975万円、
翌年FCオーナーになったとき＝1249万円、
2年後、3店舗を経営したとき＝2160万円、
その後3年、年収1億円を超えたのは入社6年後という猛スピードだった。

この山下さん、「10年以内に年収1億円になるには？」との質問に、

- **朝いちばんに、だれよりも早く出勤する**
- **10年間、休みなしに仕事をする**
- **10年計画をつくる（年収、売上、利益、スタッフ数、店舗数、経営者輩出数）**

と答えている。

意識が向かうということは、思考と行動の照準が合うことである。
引き寄せの法則というものがあるが、私のFPの世界でも、年収1億円超の人に出会うことを目的にしていると、自然の成り行きでそのような人を探すことになる。

会えれば、なぜ会うのかも明確だから、

「ファイナンシャル・プランに必要な資料、全部、出してください」

と言い切ることが出来る。

目的意識があいまいだと、ここで腰が引けてしまう。ビビってしまう。

成約という「望む結果」を得るための「原因」となる行動を、ひるむことなく畳み掛けていくことが出来ない。

目的が明確でないから、行動が出てこない。

明確な目的思考を持てば、意識が変わり、行動が変わり、稼ぐ世界が着実に変わっていくのである。

第2章のポイント

「目的思考」で生きるヒント

●目的を持たない人生、目標だけに追いまくられる生き方は疲れるだけだ。

●長い学校生活ではお仕着せの目的観で生きればいいように訓練されているから、私たちには、「主体的に」「目的を考える」習慣が身についていない。だから、目的と目標、手段をしばしば混同してしまうことになる。

●すべてを「目的」から発想する「目的思考」のあるなしが、稼ぐビジネス活動にするか、稼げないそれにするかの分岐点になる。

●目的から逆算して、それに到達するに必要な目標、手段、期限を設定し、日々の行動に具体的に落とし込む。これがロードマップであり、手帳に常備して常に見ていくようにすることが必要だ。

●目的を達成するには、手段、方法から入らないことが重要である。あくまで達成するべき期限を初めに決めていかなくてはならない。

●稼ぐ方法を継続、習慣化するためには、手帳に書き、人と約束することだ。また、夢を掻き立てる装置を手帳に設けておくと、継続へのエネルギーになる。

第3章

年収1億円稼ぐ人の手帳は、自信を生む「過去手帳」

「自信」はないのではない。今はただ忘れているだけだ

起業した人が失敗するのは、たいてい、自分を勘違いしたからである。

私の周囲にもいく人か、いる。友人のAさんは銀行マンだった。地方銀行でそれなりの地位まで昇ったときに、病院の理事長になってくれないかと誘われた。その病院は赤字経営だったようだ。

それで、理事長にならないかと誘った側には、銀行にいたAさんなら融資が容易になるだろうという思惑があったに違いない。

それくらいは簡単に推測できる。しかし、長い間銀行にいたAさんは、どうやら目がかなり曇《くも》ってしまったらしい。

銀行にいて、中小企業の経営者などに会うと、お金を貸してもらいたい経営者はペコペコする。銀行はお金を貸すところだからであるが、経営者がペコペコす

るのは、その銀行マンに対してではなく、バックの銀行に対してなのだ。

長く銀行にいると、それくらい簡単な真実が見えなくなるものらしい。

それで自分を偉い人間だと勘違いして理事長を引き受けた。今どき、赤字経営の病院を立て直すには、たいへんな能力が必要である。一介の銀行員のできるものではない。多少の融資を可能にしたくらいで再建のできる世界ではない。

案の定、Aさんは数年で病院を倒産させ、自己破産した。


こうした勘違いは、大銀行や大企業にいた人間に多く見られる。会社が大きいことが、「自分が大きい」と考えることに、そのままつながってしまうことが多い。

まことに人間は環境の動物であるから、いつも身を置いている環境で心も頭脳も占領されてしまうのだろう。

勘違いした自信は失敗のもとである。

しかし、自信がないと、人間は行動が起こせない。これも真理である。

「この事業は、こうすれば成功するはずなんだが」

と、自分なりに必勝法を見出しても、ほんとうにうまく行くかどうか、疑いの念は必ず2割3割はある。それこそ勘違いでもしていないと「自信たっぷり」ということにはならない。

挑戦をさせるのは、そうした弱気の虫を吹き飛ばすほどの「自信」である。

この「自信」ほど現代の日本人にとって必要なことはない。

バブル経済の崩壊以来、長引く不況と、国力の地盤沈下のなかで、徐々に私たちの「自信」は失われている。だから萎縮して、新しい分野へのチャレンジなども、なかなかできない。

計算高く、「確率」でモノを考えようとする傾向が出てきているが、それも「自信」のない世相の反映であろう。確率で世を渡ろうと考えるようになったら、おしまいだ。日本人は、いよいよ小さく小さく、萎縮していくだろう。

そのような「自信」を、どうしたら自分に湧き上がらせ、身につけさせることが出来るのか。

実は「自信」は、「ない」のではない。「忘れている」だけなのである。

だから、思い出せば、「自信」は回復できるのである。

独立する「恐怖」を吹き飛ばしたもの

私が36歳で独立したとき、おそらく多くの起業家と同じように、「自信」と「恐怖」の相半ばする心理状態の中にあった。

たびたび自己紹介するように、私は地方の大学を出て大手損保会社に入社している。入社したとき、全国で400名ほどの同期生がいたが、6割が関東の有名大学。2割が関西の有名大学。そして2割が地方の大学だった。

私が、今でも鮮やかに覚えているのは、入社した直後、人事部長に言われた言葉である。

「キミはバブル期だから入社できたんだ。キミがいちばんバカだから、いちばん努力しなさい！」

確かにその通りだった。返す言葉もなかった。

入社の動機も単純だった。商店の経営をしていた父の遺言が、「大企業に入ればお金で苦労することはない。だから大企業のサラリーマンになれ。そうすれば、自分みたいな苦労はしないから」だった。ラクして一生を終えたい、そういう不埒《ふらち》な考えで就職先を選択したのである。

私が幸運だったのは、入社半年で故郷の熊本支店に配属になり、翌年、新規に販売代理店をつくる仕事に変わったことである。

新規開拓は、会社の評価ポイントが、通常の5倍つく。売り上げが100万円でも500万円でカウントされるのである。

ここで、まずは熊本一の成績を示し、次いで、日本一になった。このときに多くのメンターに出会い、貴重なアドバイスをいただいたことなどは、『年収1億円思考』に詳しく書いた。

さらに自分の腕を試したくて外資系保険会社に移り、ここでも全国1位を2年連続で受賞し、最短、最年少でマネージャー昇格を果たした。

だが、独立したとき、人脈ゼロ、資金ゼロだった。

ＦＰの世界の競争の激しさを十分知るだけに、

「ほんとうにやっていくことが出来るのか」

恐怖心が強く頭をもたげた。

家族を路頭に迷わせることになりはしないか、失敗したら、自分は再起できるのか。恐怖心は妄想を掻き立てた。

そのときモノを言ったのは、過去の実績の確認だった。私は手帳を開き、自分ではわかっているはずの過去の仕事の一つ一つ、メンターの言葉を確かめた。

そしてついには、「過去」が呼び起した「自信」によって恐怖心を抑え込んだのである。

疑念や弱気、恐怖心を抑え込むのは、過去の実績に基づく「自信」以外にない。

それは過去を検証することによって、得ることが出来る。

この実績は、勘違いと対極にあるものなのだ。

ではなぜ、「自信」を生む実績は、「勘違い」と対極にあるものなのか。

結果の原因は、何か、だれか。最終評価者は自分自身

私は恐怖心と戦ったとき、重要なことを自問している。

「2年連続、全国1位のMVPという結果をもたらした原因は、私なのか、それとも私以外のだれか、あるいは会社の名前だったのか」

この問いに対する答えは簡単だった。

「だれでもない！　私が原因である」

この答えを噛みしめたとき、私からは恐怖心がすっと去ったのだ。

つまり、MVPという「望んだ結果」に対して、私自身が「原因」となったことを確かめられたからである。

これが、上司が「原因」であったり、会社の名前が「原因」であるとなれば、私は独立を思いとどまっただろう。独立する力を私自身が信じられないからだ。

どのように輝かしい成果（結果）であろうとも、自分が「原因」となっていないことであるなら、それは自分の実績にはならない。自分はただ指示された通りにやっただけかもしれず、自分の力の証しにはならない。

勘違いとは、そのように、「自分が原因ではない」ことを、あたかも「自分が原因」と思い込んでしまうことなのである。

私は過去の仕事を検証し、それらの実績が間違いなく私自身を「原因」とした「結果」であることを確かめて、自信を回復させた。

これは誰にも共有できる経験である。見栄を張らずに、客観的に過去を振り返り、この「結果」を呼び込んだ「原因」は何であったのか、だれであったのか、それを厳しく問いただせばいいのだ。

そうしてその中の「自分が原因」だけを拾い集めるのである。

自信を回復するキーワードは、「自分が原因」を探すことなのである。

手帳の記録をもとに、ここ1年間、数年、あるいはもっと過去からでもいいから、自分がきっかけとなった出来事をすべて書き出してみる。過去の記録がないというなら、この1ヶ月でもいい。

こんな企画を考えて提案した、自分が中心になって出店した、会議で手を上げて発言した、…どんな小さなことでもよい。結果的に、失敗したことでもいい。手帳に記録があるなら赤ペンを握ってチェックし、それを箇条書きで列挙してみるがいい。

できるだけ、たくさん、出してみるのだ。

さて、どうだろうか。

サラリーマンの場合、この作業をしてみて分かることは、いかに「やらされたこと」が多いかという事実だろう。自分が原因でモノが始まることはほとんどなくて、上司からの指示が多いことに気づくはずである。

それが結局は、現在の自信のなさにつながっているのである。

自分が原因でなく、他人が原因となるほうがラクだ。責任を引き受ける必要もない。しかし、「やらされ感」は常に付きまとう。毎日がだれかに縛られている感覚もある。こちらのほうがストレス、疲労感が強いだろう。

だから、自分が動いて、自分が原因となるような毎日を志したほうが、結局は「楽」なのである。

自信を回復するには、過去の「自分原因」を確かめることも重要だが、「これからは率先して《自分が原因となる行動》を始めなくてはならない」と気づくことが、もっと重要である。

過去の手帳の分析が終わったら、現在の新しい手帳に向き合う。

そして、これまでに列挙した「自分が原因の行動」とその「結果」を整理するのである。

結果がうまく行った例は「勝ちパターン」である。

なぜ、「望む結果」を得たか、プロセスを十分に分析しておこう。

分析で導き出された「勝ち要因」は、今後の活動を勝ちに向かわせる大切なヒントになる。過去にこそ、未来の「勝ちパターン」が凝縮していることがよくわかるはずである。

「過去」には、「自信」がある

近い「過去」を発掘して「勝ちパターン」を見つけるとともに、もっと遠い「過去」の記憶を取り戻すことも自信復活につながる。

やや余談になるが、才能心理学協会の北端康良《きたばたやすよし》さんは「才能の発掘」という面で、過去を分析することをすすめている。『自分の秘密』(経済界刊)の中で、「才能の源泉は人生のルーツ＝記憶、感情、過去にある」と記した北端さんは、世の中には「ある人」「ない人」の2種類しかないと考え、スティーブ・ジョブズやココ・シャネル、夏目漱石、ウォルト・ディズニー、ウォーレン・バフェット、松下幸之助、本田宗一郎、坂本龍馬などを採り上げる。スティーブ・ジョブズやココ・シャネル、夏目漱石には「家族・居場所」が、ウォルト・ディズニーには「自由」が、ウォーレン・バフェット、松下幸之助には「安心」が、それぞれなかった、と北端さんは指摘する。

坂本龍馬はどうであったか。

彼は裕福な家に生まれ、「お金」も自分を信頼する「家族」もあった。だが、身分制度の中では「地位」がなかった。

だれにも「ある」「ない」の体験はある。自分の人生で最もインパクトのあった「ある」「ない」を見つけることが重要だ、と北端さんは言う。

同じ「ある」「ない」にも、客観的に見た場合のそれ、主観的に見た場合のそれがある。北端さんは、主観と客観の2点で振り返って、自分の才能を導き出す「才能マトリクス」に到達し、

「ある×ある」タイプ

「ある×ない」タイプ

「ない×ある」タイプ

「ない×ない」タイプ

の、どこに自分が位置するかを、読者に問うている。

「過去」を置き去りにして才能は生まれない、というのが、北端康良さんの考え方であるが、私と多くの面で共通していると言っていい。

「手帳」の活用の中で、「過去」と向き合う「過去手帳」づくりは、私が最もおすすめしたいものである。

特に、今、自信を持ちたい人には、時間をブロックして、じっくりと考えていただきたい。スマホも携帯も電源を切り、だれにも会わず、孤独の1日をつくって考える。

それだけの価値が得られるはずだ。

先日も、ある人から相談を受けた。まだ30代初めの男性Kくんであるが、勤めている会社もよく知り、その社長とも私は親しい。知り合って数年たつ間柄だけに、腹の内をすべて話してくれた。

彼は、「今の会社を辞めたい」というのである。

なぜかというと、

「自分はこの会社にいてもいなくても、構わない存在ではないか。周りからも、軽く扱われているような気がする」

要は自信喪失の状態である。軽く、ノイローゼになっている。顔色も蒼《あお》みがかって、すぐれない。

こういうときに、言葉で励ましてあげるのもいいが、じっくりと彼の「過去」を思い出させてやることのほうがいい。事実の重みは、言葉より迫るものがある。

何年か前、良い取引をしたこと、社長が褒めていたこと、新規の顧客を開拓したこと、いろいろと話しながら、プラスの経験を思い出させているうちに、彼の蒼かった頬に赤みが差し始めた。

最後に、提案を一つ、した。

「Kくん、小さいときからの写真アルバム、あるかい？」

実家にあるという。実家は近県で、さして遠くない。

「それを取りに行っておいでよ。それで、今度の日曜日、一日中、一人でアルバムと向き合ってみないか？」

時間をブロックして、過去と向き合いなさいと言ったのである。

とてつもなく「稼ぐ人」は、「過去」を覚えているものだ

「過去」を知るために、まず、時間をブロックするということである。

私たちの日常はせわしない。次々と用事ができる。休日も、なかなか時間をつくれない。そうこうしていると、いつの間にか1週間が過ぎ、1ヶ月がたってしまう。

いつまでたっても、大事な「過去」を見つめて、「自信」のもとを探す作業ができない。

そこで、ある1日、あるいは半日を強制的に「ブロック」してしまうのである。この日は、携帯電話の電源を切り、だれとも会う約束をせず、部屋にこもる。余裕があるなら、携帯電話を家に置いてホテルに入ってしまう。

強制的にそういう孤独な環境、時間をつくって、思う存分、自分の過去と向き

合うのである。このようにでもしないと、とても自分の過去を棚卸するといった「事業」はできない。

しかし、本気で取り組めば、それに見合う成果は必ずもたらされる。リスクとリターンだ。代償なしに成果は獲得できないが、代償の覚悟さえあれば、成果は必ず出る。

K君に言ったのは、そういうことだったのである。

写真アルバムは、「過去」を思い出すためのツールである。

視覚から入る情報は、実に膨大である。私のクライアントの中に、手帳の1ページ目に絵や写真を貼る人がいく人かいるが、絵や写真が私たちに与えるイメージ、情報の量は、文字情報をはるかに凌駕《りようが》する。

特に幼いころの写真には、それを見る人に、瞬時にして何十年もの「過去」の記憶を思い出させてしまう。これほど強力な「過去」抽出のツールはない。

近い「過去」は手帳や日記でいい。

それらを見ながら、「過去」を探り、さて、何を確かめるのか。

褒められた経験。

得意だったこと。

好きだった学科。

成功したこと。

大人になったら、したかった夢。

大人になって、なりたかった職業。

それらの、楽しくなるような自分の経験、エピソードを、たくさん思い出すのである。思い出したら、手帳に書き出して整理していく。

もう何年も会っていない友人の顔、小学校の先生の顔、兄や姉の子どものころの笑い顔、古い校舎や運動場、活躍した学芸会、運動会、遠足……、もう、忘れ去って久しいそれらが浮かんでくる。この作業は、はじめてしばらくしたら、楽しくて仕方なくなる。次々に発見があるだろう。


人間は自分が評価されていたことを、忘れてしまう。忘れてしまったことは、思い出せばいい。自分をよく知る人にヒアリングしてもいい。

北端康良さんに言わせれば、年収3千万円以上を稼いでいる人は、子どもころの記憶が鮮明な人が多い。特に褒められた記憶をよく覚えているという。逆に、3千万円以下の人は、褒められたことを全部忘れている。その代わり、失敗した記憶は確かだという。

褒められた記憶はなくて、失敗したり、叱られたことばかり覚えているから、自信など、持てるわけがないのである。

幼いときには、だれだって天才だったのだ。天才スポーツマンであり天才科学者であり、天才歌手だった。

そうした、伸び伸びと未来を夢見ていたことを、窮屈な学校生活や受験競争、就職活動、サラリーマン生活の中で忘れ去ってきたのである。大人が、「そんな歌手だなんて、なれるわけがない。勉強しなさい」と可能性の芽を摘んできたのである。

それを、時間をかけて思い出すのである。

幼いときの自分に戻ることで、私たちは忘れた夢、ロマン、可能性、才能を再発見することが出来るわけだ。

拾うべき「プラス」はなくとも、成功する「種」はあるかもしれない

自分にはそのような「過去」の実績があったのだ、と自分の半生にプラスを再発見できれば、「過去」の検証は成功である。そのプラスを手帳に整理して、今度は忘れないようにする。

ときおり「勝ちパターン」を確認する。あるいは追加する。

幼いときの夢を確かめる。得意科目を、「褒められ体験」を再確認する。

そのようにしていくことによって、着実に、日常生活の骨組みが変わってくるはずである。プラスを意識するようになる。自信がよみがえってくる。

しかし、振り返って、幼いときの「過去」に、何ごとも現在に自信を復活できるような特別のことも、褒められたことも、なければどうするのか。

「過去」を見たら、小学校も中学校も高校も、悪ガキで、喧嘩ばかりして、学校の成績は悪く、背も低く、スポーツをしても普通で、褒められることもなく……、ばかばかしくて「過去」なんて見る気もしない、そういう自分であれば、どうしたらいいのか。

しかし、そのような「過去」に拾うべきプラスのない、と考えている人でも、真に精密に「過去」を検証すれば、成功するタネが、そこここに姿を現すことに気づくに違いない。

例えば、「アース」の総師である國分利治さんのように。

ここで國分さんの「過去」がどのようなものであったかを、見ておきたい。

福島県の飯塚温泉の近くで生まれた國分さんは、小さいときは悪ガキだったようだ。中学に上がってからも「不良」のレッテルを張られ、授業を邪魔したり、教室を抜け出て不良仲間と校庭で遊んだり、よく言えば目立ちたがり屋だったと、自著『地道力』（扶桑社）に記している。

そのころの國分さんは、他人より優れてトップに立っているというものが一つもない。本物のワルでもないし、成績もよくない。やることなすこと、中途半端、という自覚があったところに、中学生だった國分さんに父親が一喝する。

「そんなにケンカが好きなら、学校を辞めてヤクザになれ！　中途半端なことはするな」

この一喝は國分少年の心を深く撃った、という。

だれでも、「過去」の思い出の中には、この父親の言葉と同様の、肉親や友人、先生から放たれた言葉もあるだろう。

國分さんは父の一言を「上京するときに田舎から持ってきた、大切な持ち物の一つ」というが、そうした言葉は、國分さんのように自覚的ではなく、場合によると記憶の底に沈んでいることが多い。

高校卒業を目の前にして、どうやって生きていくか、國分さんは考える。

そのとき強く思ったのは、

「使われる人間にはなりたくない」

ということである。

親戚が経営する地元の建築会社の、中間管理職として働いていた父親の姿を見ていて、浮かんだ思いだった。

たとえ親戚の会社であっても、社長以外はだれでも「使われる悲哀《ひあい》」を抱えている。そんな思いは、自分はしたくないと考えたのだ。

としたら、経営者しかない。

高校生の國分さんは、分野はどこであれ、将来は「社長になる」と決めたのである。これが國分さんの初心ということになろう。

問題は、この初心をどこまで貫くかだ。

高校を卒業して、地元の縫製工場に勤めた。仕事はスーツにボタン穴をつくる単純作業だが、実際の作業としてはスーツを機械にセットしてスイッチを押すだけのものだ。

もとよりやる気のない國分さんは、勤務時間中に昼寝したり、仲間と雑談したり、朝はだれよりも遅くタイムカードを押し、夕方はいちばん早く退出する超怠け者だった。それでも2年間、ここで勤めている。

「経営者になる」目的が、私にもあったじゃないか！

この「過去」を、現在の國分さんは反省している。

「あのころはラクをするにはどうしたらいいかしか考えなかった。あの2年間は、私の人生の中でロス以外の何ものでもない」

人に使われる立場にはなりたくない、将来は経営者、と決めたはずの國分さんだが、この時期はすっかり忘れていたわけである。

むしろ、怠惰《たいだ》な毎日を送っていたことになる。貴重な人生の時間の中では、完全にロスだったと悔やむのも当然だ。

だが、転機が突然やってくる。自動車の免許証が取り消されたのである。

このことで、忘れていた初心を思い出すのである。

公共交通の便の悪い田舎では、車はカウボーイの馬のようなものだ。車がない生活は、まず考えられない。免許が取り消されたら、徒歩と自転車を使う以外、動き回ることが出来ないのである。

國分さんはどうしたか。発想を転換させたのだ。

「東京に行く、いいチャンスだ」

初心に還った瞬間である。

さっそく職探しをした。「手に職をつけよう」と、4つに絞り込んだ。美容師、理容師、板前、コックである。どれも未経験だ。

いちばん格好いいし、早く店が持てそうだ、と美容師に決めて、週刊誌で目についた新宿・歌舞伎町の美容師見習い求人に応募した。当時、美容業界は慢性的に人手が不足していたせいもあり、すぐにこの店に雇われる。

ここから國分さんの生活は、縫製工場時代と180度違うことになる。

床拭き、タオル洗い、シャンプーの練習という仕事をしながら、従業員の男ばかり6人が6畳と4畳半二間に共同生活だ。

しかし、「絶対に辞めない」と心に決めていた。歓楽街の歌舞伎町で働きながらも、ネオンの誘惑は一切、受け付けなかった。というのも、

「経営者になる」を目的として、
「25歳で独立して店を1軒持つ」という目標を、
明確に持ったためである。

目標に設定した25歳まで、わずか5年だ。1日も早く店長になって経営の勉強をしなくてはならない。遊ぶ暇はなかった。

2年後、國分さんは店長に抜擢されるのであるが、その理由を、

「1日も休まずに働いたから」

と言う。

「時間を銀行に預けたつもりで、働いた」

縫製工場での超怠け者からの、完全な脱却である。

技術者としては何の自信もなかった（だから美容師にはならず経営の道に進んだ）國分さんだが、がむしゃらに働き続ける姿は、周りの人間を説得させるほど、大きなインパクトがあったのだ。

過去には「勝ちパターン」がある。「自信」と「教訓」にも満ちている

國分さんの場合には、期限を切った目標を設定したことが、がむしゃらに働くことにつながった。さらに、1日も休まずに働く姿が、大きな説得力を周囲に与えることも知った。それが自信をつくった。

そのおおもとにあるのは、「経営者になる」目的である。

中学生のときに父から言われた「中途半端をするな」という叱責、高校時代に抱いた「人に使われる人間にはならない」という思いを、この修業時代の入り口で再び思い起こし、意識の上で固定させたのである。

このときの、「1日も休まない」ポリシーを、國分さんはその後も愚直に続ける。30歳で独立するまでの10年間、元日以外は1日も休まず働き通す。

これが國分さんが「過去」から導き出した「勝ちパターン」である。

前章末尾にも関係する話だが、山下誠司さんは入社したとき、國分さんに、

「どうしたら店長になれますか」

と尋ねた。すかさず國分さんは、

「1日も休まず、そしてだれよりも早く店に来ればなれるよ」

と答えている。

その言葉を山下さんは手帳に書き留め、驚くことに、その日以来、今に至るまで休みなしの生活を続けているという。


実に「過去」の中に教訓は満ちている。

「勝ちパターン」も、よく見ればきちんと込められている。

國分さんは今は3千人の社員、200億円の売り上げを誇る（株）アースホールディングスの総帥として、一層の飛躍を図る身であるが、その水源を訪ねれば、中学・高校、そして新宿・歌舞伎町の小さな美容院という「過去」に突き当たる。

見習いのとき、それを思い起こし、一途に守り通したのである。

第3章のポイント

「過去」の振り返り方

- 過去を思い出し、分析せよ。起業など、行動を起こす際に頭をもたげる疑念や弱気、恐怖心を抑え込むのは、過去の実績に基づく「自信」以外にない。
- ただし勘違いをしてはならない。過去を客観的に振り返り、望む結果をもたらした「原因」が自分にあるか、他が原因なのか、見極めなくてはならない。自信を回復させるのは、「自分が原因」の実績である。
- 自信を回復したい人は、時間をブロックして、じっくりと考える時間を持ってもらいたい。スマホも携帯も電源を切り、だれにも会わず、孤独の1日をつくって考えるのである。写真アルバムを前にすれば、もっといいだろう。
- 人間は自分がかつて評価されていたことや夢、得意だったことなどを忘れてしまいがちだ。忘れたことは思い出せばいい。自分をよく知る人にヒアリングしてもいいだろう。
- 過去には誇るべき経験などないと考える人も、振り返ってみれば、いくつかのプラス経験を思い出すはずである。手帳にそれを記して、これからの人生の糧にしてもらいたい。

第4章

年収1億円稼ぐ人の手帳は、チーム力をつくる「映画手帳」

「自分は世界の中心にいる」それぐらいのわがままさでいい

当り前の話だが、経営者であろうが、社員であろうが、アルバイトであろうが、みんな一人ひとり、独自の人生を生きている。

それぞれが自分の人生をより輝かしいものにしたいと望んでいる。

それは、成功者であれ、非成功者であれ変わらない。

しかし、成功していない人、世の中で評価を受けていない人は自信がない。ゆえに、主体的に生きられない。生きる「目的」を自らうやむやにして、他人の指示に従うだけの「やらされ感」たっぷりの人生を歩んでいるのが実情だ。

それがいかに、その人の人生をつまらないものにしているか。さらにそのせいで稼ぐことができないでいるか。そのことは既に本書で何度も指摘した。

そこで、こうあって欲しいという、「望む結果」を得るために、主体性を持って行動するための手帳活用法を繰り返し述べてきた。

具体的には、手帳を使って自信を取り戻し、自分の人生をマネジメントしていく必要性やそのノウハウなどを伝えてきたのであるが、その上で、読者の皆さんに改めて強調しておきたいことがある。それは、つまるところ、

「もっと皆さん、わがままであっていい」

である。具体的には、

「世の中の中心に自分がいるぐらいの気持ちで、人生を楽しもう」

ということである。こう言うと、

「それは成功者の言い分だ。世の中には楽しみたくても楽しめないほど、つらい状況にある人がたくさんいる」

「自分は組織の中で歯車の一つに過ぎない。そんな自分が、世の中の中心にいるなんて考えるのは、おこがましいではないか」

こんな批判・疑問の声が上がってきそうだ。

確かに辛い状況にある人に、「楽しめ」と叫んでも空疎《くうそ》に響くだけであろう。

しかし、自分の人生を楽しめていない人間が、非成功者であることも事実だ。

辛い状況の中で、「辛い、辛い」と嘆いていても状況は変わらない。

発想を変える必要がある。

「アース」の國分さんは、ご自身の著書の中で的を射たことを書かれている。

「自分の映画を撮っているつもりで毎日を過ごす」

つまり、自分はサクセスストーリーの映画の主人公である、とまず想定する。**映画は、主人公が貧乏や不幸、苦労のどん底を経験するからこそ、波瀾万丈で面白くなる。**自分も今は人生のどん底にあるが、やがて大成功を収めるだろう。そうなればそのときの喜びはひとしおだろう。面白い映画ができそうだ。

それぐらいの気構えでいれば、苦労も楽しく感じられるようになるに違いないというわけだ。私も國分さんの意見に賛成である。

辛いことがあっても、今は単なる映画の一シーンであり、これからよくなるという気持ちを持てば、前向きになれる。さらに、自分が映画の主人公だと思えば、気持ちがワクワクする。そのワクワク感を原動力に毎日を過ごせばいい。

大事なのは理屈ではない。数字でもない。成功は「イメージ」から始まるのだ

加えて、自分はその映画の脚本家でもあり、監督でもあると考えてみるといい。主役である自分が成功をつかむための戦略（ロードマップ）を考えるのも、自分を効果的に動かすのも、自分の意向次第である。

さらにワクワク感は増幅するだろう、より能動的に行動しよう、活動しようとも思うようになるだろう。

それが、戦略的に自分の成長を考え始めるきっかけとなる。

とてつもなく稼いでいる人は、みんなワクワク感いっぱいで生きている。

國分さんも昨日は北海道、今日は沖縄、明日は東京で会議という、全国を飛び回る、超多忙な毎日を過ごしているが、まったく疲れないという。

「しなければならない」という義務感とは対照的な、自由な生き方をしているからにほかならない。主役であり、脚本家であり、監督として、思うがままに行動できる自分が楽しくて仕方がないのである。

私はこういう生き方ができる人はイメージ力が強いのだと思う。

手帳に写真などを貼り付ける有効性を紹介したが、あれである。**大事なのは理屈ではない。数字でもない。理屈や数字で考えると、人生は切り拓けない。**

日本は人口減少社会だから、これからは大きな成長は望めないとよく言われる。確率論で考えれば、挑戦しても、失敗する確率のほうが高いだろう。であれば、何も挑戦などしないほうがいい。もっといえば、日本から出て行ったほうがいい。そんな結論が出てしまう。

しかし、確率論を超えたところに、成功があり、未来がある、と私は考える。

大体理屈や数字で考えたら、わが社の笠井は絶対に成功できなかっただろう。独立して、めちゃくちゃな経営をして会社をつぶして、借金を積み重ねた。数学の成績も極めて悪かった。大学の専攻も家政科で、金融とは縁もゆかりもない素人ときている。ふつうに考えても笠井がＦＰの講師として成功する確率は限りなくゼロに近いだろう。

ところが笠井は、全く業界未経験の保険営業で転職してわずか3年で全国7万人中ベスト5に2度入賞し、売上を6千万円上げた。

なぜか。成功する自分をイメージして、行動したからである。

成功を愚直に信じて、涙を流しながらも歯を食いしばり、自分をさらけ出して挑戦したからである。もっと直截的に言えば、バカになって頑張ったからである。

まじめくさって、しかつめらしく、理屈がどうだ、確率がどうだ、ＰＤＣＡがどうだとほざいてみても仕方がない。

そんなのは、行動に移せない人間の言い訳に過ぎないのだから無視すればよい。

私も若いころから、馬鹿ばかりやってきた。今でもそうだ。

「江上さんは、年甲斐もないですね」

と、くさす向きもあるようだが、それでいいと思っている。ビジネスマンは人の印象に残らないと大きく稼げないのである。

大好きなタイガー・ウッズにあやかり、靴墨を顔に塗りたくって、グリーンに出ようとしたら、ゴルフ場から出入り禁止を食らったこともある。

会員になったゴルフ場だったから、プレーができなくなったのは痛かったが、そんな破天荒が噂になり、有力者から、

「江上は面白いやつ」

と評価されるに至った。

関取として活躍した、あのKさんとステーキの早食い競争をしたこともある。みごとに勝って、賞金3万円ゲットした。Kさんからも、

「あんた、化け物だね」

と驚かれた。

だから、何だと言われればそれまでだが、思い切り馬鹿をやれば、童心に返ったようで、気持ちがいい。少なくても有力者と会ったときの話のネタになる。

いずれにせよ、これぐらいの遊び心がなければ、思い切ったことをしなければ、新しいものを生み出すことができないのも事実である。

そうした挑戦意欲を持つためにも、「イメージ」は非常に重要だ。

映画という視点で考えると、まずは、自分が主役の映画の「ラストシーン」を頭の中で想像するところから始めるのがいい。

あなたは成功した。成功した結果、欲しかった成果を手に入れた。

そのときあなたはどういう顔をしているだろうか。

スクリーンの中で満面の笑みを浮かべているか。

ガッツポーズをしているか。

喜びのあまり、涙を流しているか。

家族とともに、満足感をかみしめているか。

その到達点をイメージし、心に刻み込むのである。

もし、第2章で説明したロードマップが既にできているならば、それを見ながら、想像してみるといい。あらゆる困難をクリアして、ついに望んだ「目的」を実現した自分の喜びの姿を、である。

人間は感情の動物である。望む結果を鮮明にイメージできれば、より意欲的になるし、やるべきことも分かってくる。習慣も変わってくる。真剣に成功を望むようになるだろう。それが、あなたの成長の推進力になるのだ。

共演者の存在が、あなたの人生を変える

私はこうした思考法を「映画思考」と呼んでいるが、これができれば、あなたは今までよりも、主体的に生きることができる。成長することができる。

しかし、実を言うと、それだけではまだ不十分だ。

「映画思考」にはもう一つ大事な要素がある。「共演者」とのつながりだ。

映画は主役だけでは成立しない。共演者の存在が不可欠である。**主人公と思いを共有し、あなたが望むラストシーンに導いてくれる、つまり「目的」の実現に力を貸してくれる共演者である。私はこれを「人生の協力者」と呼んでいる。**

協力者との出会いで人生が劇的に変わった人は多い。

例えば『年収1億円思考』にもご登場いただいた物流会社を経営するS社長で

ある。起業前はトラック運転手であったが、「30歳までに独立する」との人生計画に基づいて、バイク便の会社を立ち上げた。

創業直後に健康飲料会社に飛び込み営業をしたところ、その経営者のK社長に見込まれた。会社の入り口で元気よく挨拶した、その大きな声をK社長は気に入ったのだ。

当時は、その健康飲料会社もまだ駆け出しのころだったが、「あんたの声の大きさは気持ちがいい。うちの会社は10年で売上100億円を実現する、成長会社だ。勢いのある人に仕事をまわしたい」

健康飲料会社の物販はすべてS社長に発注することになった。

K社長は首尾一貫した、ブレない人だからその関係性は今でも続いている。

その代わり、K社長の要求はきつい。それにS社長はことごとく従った。

あるときは「1日で日本全国配送できる体制を築いて欲しい」と指令が来た。すると、S社長はすぐに何億もの借金をして、各地に倉庫や営業所を設けた。

創業から10年を超えるが、年商はおよそ10億円。健康飲料会社の成功とともに、会社は急成長した。「協力者」の存在がS社長を押し上げたのである。

人生の協力者を見極める3つの「モノサシ」とは

私たちは、日々、何人もの人に出会い、言葉を交わし、仕事を共にしている。**何気なく出会うそういう人たちの中にも、実は「人生の協力者」がいるかもしれない。常にそう意識することは、非常に重要だと私は思う。**

意識しないばかりに、自分を押し上げてくれる可能性のある人なのに、人間関係を構築するチャンスをみすみす逃してしまうこともあるからだ。

それはもったいない。人生の協力者に対し、「その他大勢」と同じ対応をしてはいけない。徹底的にその人と付き合っていく気持ちを持つことが大事だ。

そのためにもぜひ手帳を活用してもらいたい。

私は「これは」と思う人に出会うたびに、その人のことを手帳に書くことを習慣にしている。

それも単に名前や所属先を記すだけではない。

自分を真ん中にして、人間関係を図で表した「人物相関図」を描いている。こうすることで、それぞれの関係性なども一覧で分かるからとても便利だ。

もちろん、営業でも使える。

この人にアプローチをかけるべきなのか、それともこの人には接待をして人間関係を構築し、この人の背後にいる有力者への口利きを依頼すべきなのか。

人脈の全体像が分かれば、そうした営業戦略も描きやすくなる。

人物相関図に続いて、その人物についてのプロフィール、気づいたこと、印象も文字で記していく。この記述の際に、ぜひ注意してもらいたいことが3点ある。

1点目はその人が、

「奪う人なのか、与える人なのか」

を明確にすべきだということだ。

これを見分けるいちばんのポイントは、金の使い方である。自分のことにしか金を使わない人は得てして「奪う人」である。

人のため、部下のため、仲間のために、惜しげもなく金を使う人は「与える人」である。

私はFPとして、お客さんの帳簿をくまなく見させてもらうが、成長を続ける人は必ず「与える人」である。

それも、報酬はもとより、普段から社員育成など、「人」に金を使っている。

つまり、「人こそ宝」という意識が強いのである。

現在のような時代では、どこの会社でもコストカットに躍起になっているが、人に金を掛けることをやめた企業は衰退する。

初対面では、そこまでなかなか分からないものだが、何回か顔を合わすたびに必ず見えてくる。奪う人は自分から遠ざけて、与える人とだけお付き合いをすればいい。

2点目は、自分が主役の映画のラストシーン（目的）に進むために、欠かせない人物であるかどうかを見極めるということである。

つまり、山下さんにおける國分さんのような存在かどうか、ということだ。

これも、初めのうちはよく分からないかもしれないが、少なくともその相手は、自分を引き上げてくれる可能性のある人かどうかといった判断はできるだろう。そのような人とは、深く付き合う。長く付き合う。

そのためにも、相手へのリサーチは不可欠だ。特にお勧めしたいのは、相手が苦手なことをよく調べることである。

それを把握できたら、徹底して苦手なことを引き受ける。サポート役に徹して、とことん役に立つ。

相手は必ずあなたを評価してくれるようになるだろう。それが、より深い人間関係を築くための基本戦術である。

3点目は、自分との相性についての分析である。

人間関係を築くには価値観の共有が大事である。

価値観とは簡単に言えば、好き嫌いのことだが、これが共有できなければ関係は長続きしない。

価値観が合わない人と、濃密な人間関係を続けていくことはできない。居心地が悪くなり、そのうち耐えられなくなって仲違いする。

ただ、価値観が合うからといって、どっぷりとその関係性の中に、浸かりきったらダメだ。

相手と共感、共有をしながらも、「自分は自分」という基準は持っていなければいけない。ビジネス仲間であれば、利害関係が発生する以上、無防備に相手を信頼すれば、裏切りにあったり、損害を被る場面も出てくる。

それを防ぐためにも、相手にもたれかかってはいけない。相手がもたれかかるのを許してもいけない。**自立した個人として、ある意味では冷徹に付き合っていかなければ互いが成長しない**。すなわち相手との距離感が不可欠なのだ。

理想的なのは、価値観は共有するが、キャラクターはまったく異なるという関係である。

映画でもそうだろう。名画には必ず準主役級の名脇役がいる。名脇役は、主役とはまったくキャラが異なるが、だからこそ、主役を引き立ててくれる。

この主役と名脇役の関係を、現実世界に引き寄せて考えればいい。

平たく言えば、「パートナー」ということになるだろう。國分さんは、「パートナーに俺と似たタイプはいらない」を持論とされているが、その言葉通り、國分さんと山下さんはキャラが違う。

國分さんはアントレプレナーにふさわしく、執着心が強く、精神的にも熱いタイプである。

山下さんはその点、ギスギスしていない。大らかで物腰もやわらかい。

さらに、國分さんは大所高所からモノをみる習性があるが、山下さんはもう少し地に足がついて、緻密である。互いが互いを補う関係になっている。

わがオフィシャルも、私が非常に直情径行で、言いたいことをズバズバ言うタイプであるのに対し、笠井は優しくすべてを受け入れるタイプである。

これがセミナー参加者にとってはいいようで、

「江上さんは少し怖くて、疲れてしまう。笠井さんがいるからほっとする」

との声をよく聞く。

こうしたパートナーの関係性や組み合わせも加味して、人生の協力者を見つけるのがいい。

「分かち合い」からでしか、本当の仲間は生まれない

これまで紹介した「人生の協力者」（パートナー）とは、映画で言えば準主役級のキャストであると説明した。

もちろん、映画は主役と準主役だけで成り立つものではない。多くのキャストがあってこそ、その人間ドラマはより面白さを増す。

ここでは「人生の協力者」と区別するために、そういうキャストを便宜的に、「仲間」と呼ぶことにしよう。

特にリーダーともなれば、自分を支える多くの仲間たちとチームを形成する必要がある。

つまり、大きく稼ぎたいのであれば、「自ら稼ぐ人」から「稼ぐチームをつくるリーダー」に変わらなければいけないということだ。

ここで注意すべきは、チームづくりに際して、リーダーは上から自分の考えややり方を押し付けてはいけないということだ。あくまで「目的」は共有しても、それぞれの考えを否定しない。その点で、國分さんの考えは参考になる。

國分さんは、個性を持った人間同士がチームを形成し、それぞれの持ち場で能力を発揮する。それによって、チーム力はより大きくなるという考えである。

私もまったく賛成である。

社員の能力、個性を認め、生かすことで、会社はより大きくなるのだ。すぐれた経営者はそのことをよく知っている。

「自分に足りないものは何か」

「ロードマップの実現に向けて何が必要か」

を24時間考えながら、自分にはないものを埋めてくれる人材を選んで、抜擢するのだ。つまり、映画の共演者に引き立てて、任せていく。

現に、國分さんは資金繰りや調達については長けていない。

そのことを自覚しているから、金融機関との折衝や調達は自分でやらない。

元銀行員の、その道のプロを採用し、実務を任せている。

ある講演会でセミナー講師を務めた新将命さんは、

「ビジネスには、バカと利口と大利口がいる」

と説明された。

「バカ」というのは、自分の向き不向きが分からない人。つまり、江上流に言えば、自分ブランドを形成できない人のことで、こういう人は問題外である。

「利口」というのは、自分の向き不向きを分かった上で、向いていることを仕事にしている人だ。つまり、自分ブランドを形成し、自分を商品としながら、大いに稼いでいる人である。

この上に位置するのが「大利口」だ。大利口も自分の向き不向きを理解しているところまでは同じだが、向いていないことは人にすべて任せる。

つまり、自分ですべてをやろうとはしない。一歩下がって、自分を引き立ててくれる人に役を与えて、自分の目標達成を手伝ってもらうのだ。

これが稼ぐ人の王道なのである。

一人で上がって行けるほど、人間は強くない

私もどうせなら、大利口を目指したいと常々思っている。

自分が目立つよりも、部下が目立つ。部下が勝つことで、会社の魅力をもう一段アップさせたいと考えている。

ところで、そもそも、人はなぜ「集団」を形成するのかと言えば、一人では頑張り続けられないからでもある。若いときは体力もあるからエンジンをふかすだけふかして、突っ走ることができるが、やがて限界がくる。

気持ちに緩みも出て、ある一定のところで満足してしまう。このへんでいいだろうと妥協してしまう。一人で上がって行けるほど、人間は強くないのだ。

視点を変えれば、所詮「私欲」とはこの程度のものなのだ、とも言える。

だからこそ、さらに頑張るには、他者の力が必要だ。

中高時代の部活を思い出して欲しい。よほど意志が強くなければ、一人でハードな練習を何年間も積み重ねることはできないだろう。なぜ、だれもがきつい練習に耐えられたかというと、仲間がいたからである。

ビジネスの世界でも、共に目的を共有する「仲間」、掛け替えのない「協力者」がいるかいないかで、その後の成長が決まってくる。


「個」から「集団」へ。

「私欲」から「分かち合う欲」へ。


そうした方向に進むことができる人（会社）は、際限なく成長し続けることができるのだ。

「アース」が企業として成長し続けている理由もここにある。國分さんの夢や会社の方針、方向性がすべてスタッフに伝わっているからだ。

「日本一の美容サロンをつくる」

という社を挙げて目指すべき目的、つまり「映画思考」におけるラストシーンやそれに伴うシナリオが、全体で共有されているからこそ、皆が努力を続け、会社は拡大し続けているのだ。

共有の仕方もしっかりしている。「アース」では、スタイリストのレベルごとに細かくランク分けをし、それぞれ会議を開いているのだが、出席者はみな手帳を持って行く。**そこで、目標を手帳に書きつけたり、資料として配布されたロードマップを手帳に貼り付けるなどして、共有を図っているのだ。**

大きく稼ぐためには、夢を分かち持った仲間を巻き込んで、共に成長することが大事なのだ。そう考えると、仲間の存在は、個人が成長する上でも、欠かせないものだということが分かるだろう。

意識すべき仲間がいるからこそ、

「自分もやらなければいけない」

という強い気持ちも生まれるのである。

私は今年の5月、「年収1億円倶楽部」なるものを立ち上げた。少数限定の会員制私塾である。なぜ立ち上げたかというと、「私欲」から「分かち合う欲」へ、を実践する集団をつくりたかったからだ。

入会者は、既に人がうらやむほどの年収を手にした人たちである。

自分の才能と力量で成功をつかみとったわけだが、次のステージに向かうには何かが足りない。あえて、そういう問題意識を持つ人たちを会員にした。

彼らに自分と同じように成長を望む仲間を、戦友を与えることで、さらに成長してもらおうというのが私の考えであった。

既に活動は始まっている。

私の人脈をフルに生かして、通常では出会えないような、年収1億円超えの錚々《そうそう》たる経営者を講師に迎えたセミナーを定期的に開催しているほか、毎回、一人ひとりが、仲間に向かって、自分の人生の目的や、目標を宣言する。

つまり、約束し合っているのである。

彼らが発する宣言は破天荒である。だからいい。

「1億円の時計を身につける」

「年収1億円超えの人に声を掛け、営業してみる」

なぜそれをやりたいのか、目的も言わせる。実現するための方法も言わせる。

仲間の前で口に出すことで、行動に結びつかせる一つの強制力になるのだ。

「仕組み」を超えた「分かち合い」の理想形

「アース」はフランチャイズ制を敷いているが、本部とオーナーの関係も「分かち合い」で結ばれている。

オーナーは、本部に対してフランチャイズ料を支払う。本部は人材育成、全店舗統一の顧客管理システム、さらに自社雑誌などの広告物も出して、アース全体の知名度向上を図っている。

なかでも力を入れているのが、化粧品やシャンプーなどの商品開発である。美容業界は、髪の毛のカット時間は削れないので、一人当たりの生産性は限られる。その中で利益を出そうとすれば、物販が重要な要素となる。

そこで、じっくりと費用を掛けて、超一流の商品を開発する。各フランチャイズではできないことに時間とお金を費やす。

それは、アースホールディングスという本部機能があってこそである。

実際、アースの本部機能の充実ぶりは目を見張るものがある。本部のスタッフはおよそ30人。さらに、青山通りの一等地に自社ビルを構えている。私も商売柄、美容業界の会社の多くを熟知しているが、こんな本部にお目にかかったことがない。常識破りの充実した本部機能が、各店舗、各スタッフからの愛社精神や信頼感を高めているのだ。

さらに各フランチャイズオーナーの立場も面白い。

徹底的な平等主義を貫いて、すべてが対等なのである。

例えばアース代表の國分さんはアースホールディングスの代表であると同時に、自ら会社をつくり、自分の直営店をフランチャイズ展開している。ナンバー2の山下さんなど各オーナーも同様である。

各フランチャイズオーナーは積極的に自社からフランチャイズ社を輩出している。この新しく生まれたオーナーも、このオーナーを送り出した國分さんや山下さんのような以前からのオーナーも、立場はまったく対等である。

ところで、各オーナーは、自社からフランチャイズ社を出すことに、どんなうまみがあるかというと、まったくない。むしろ、自社から独立させるのだから、失うもののほうが多い。

では、なぜフランチャイズオーナーを積極的に送り出しているかというと、「アースを日本一の美容サロンにしたい」という思いを共有しているからでもある。

もはやここまでいくと、驚きしかない。**お金を超えた絶対的なつながり、絆が生まれているのである。**

ちなみに、國分さんのご子息もスタイリストである。父の背中を見て同じ道を歩んでいるが、決して甘やかさない。ほかのフランチャイズオーナーのところへ修行に出して、同じように修羅場体験をさせている。

前著『年収1億円人生計画』に登場していただいたH美容室の社長もそこは徹底していて、一人息子を「お父さん」と呼ばせたことはないとのことだ。やはりほかの見習いと同じ修行、生活をさせて、自立を促している。

まったく同じ競争をさせているのだ。

さらに、オーナーになれるかどうかの最終決定は数字だけでは決まらない。國分さんが決めるわけでもない。約60人の先輩フランチャイズオーナーたちの同意が必要なのだ。

実際に投票も行われ、既定の数に達しないこともある。その際には、どこが不足しているのか、各オーナーから逐一、ダメ出しされるのだという。

また、アースのオーナーは弁護士や教師のように生涯資格ではない。オーナー昇格から3ヶ月後の実績が一つの指標になる。赤字になれば、おろされる。

さらに、1年で3店舗拡大するというのも条件だ。これができなければ、また一スタッフに逆戻りである。

このように非常に厳しい面があるが、アースではフランチャイズオーナーを目指す若手スタッフは非常に多い。きついことは承知である。でも夢がある。

頑張ればオーナーになれるかもしれない。山下さんのように稼ぐこともできるかもしれない。そういうワクワク感があるから、辛いことでも耐えられるのだ。

若手社員にリーダー自らが心の架け橋をつなげる

「アース」の國分さんは、若手スタッフを積極的に応援している。自分の共演者に引き立てようと、あの手この手で、若者のモチベーションを上げている。すべての精力をそこに注いでいるのではないかと思うほどだ。

國分さんがすごいのは、徹底して目線を若手スタッフに合わせるところだ。國分さんには、元来、趣味はない。これまで仕事、仕事の人生で、遊ぶ時間もなかったからだ。

しかし、今では積極的に若手社員とサーフィンをする。野球部をつくって、試合に興じる。自分のほうから若手スタッフに歩み寄って心の架け橋をかけるのだ。

同じ目線で、同じ時間を共有し、楽しまないと、今の若手スタッフを育てることはできないとわかっているのだ。

理屈や数字、難しいことは言わず、ひたすら若手の育成のためにお金を投じる。

例えば、今年、國分さんは鴨川に５００坪の大別荘（保養所）を建築した。社員とサーフィンをするためのものだという。

フェラーリも所有しているとはいえ、普段はプリウスに乗っている。別にフェラーリ自体が好きではないのだ。

自宅もそうである。約１１００平方メートルという敷地のプールつきの豪華邸宅だが、そうした華美な生活にあこがれたわけではない。

「頑張ったらこういう生活ができるようになるぞ」

と社員に示すためのものなのだ。

だから、フェラーリに乗りたいというスタッフがいたら、

「よし、お前も乗ってみろ」

と平気で譲るし、会員制の高級クラブにもスタッフを連れて行き体験させる。

成功した人たちの風貌、立ち居振る舞いに触れさせて、

「お前らも、あのような成功者になりたいか。なりたいなら、経営者になれ」

と促していく。

自宅の2フロア分の天井高を持つ大きなホールでスタッフを招いての、合宿形式の会議も定期的に開いているが、それも同じ目的だ。早く成功して、こういう家に住みなさい、というメッセージでもある。

ちなみに、オーナーが集まる最高幹部会議には、オーナー志願の若手スタッフにも参加させる。オーナーたちはどういう問題意識を持ち、どんなことを考えているのか、どんな会話をしているのかを、寝食を共にすることで実感させるのである。

「人」のために金と時間を使う。

これは國分さんが、自分の目的の実現に向けて行ってきたことであるが、今はアースの文化として定着している。

國分さんにそうやって育てられ、「与えられた」オーナーたちが、今度は自分たちが若手スタッフに「与える」側に回っているのだ。

若手オーナーが新規出店をする際には、全国からオーナーたちがその祝福のた

めにフェラーリで訪れる。それは、
「お前もこうなるように頑張れ」
という無言の励ましなのである。

今、國分さんの頭にあるのは、美容学校の設立である。鉄は熱いうちに打てというが、まだ10代のまっさらな状態から、次代を担うオーナーの育成に取り掛かる。そうして、100人の経営者の実現を目指すのだ。

共演者を巻き込みながら、自分主役の映画の制作に向けて努力したらここまで成長する。その映画を応援する観客を増やし、社会からの認知もアップできるように、出演者全員で努力する。

アースの國分さんは、その成功事例の最たるものであるかもしれないが、國分さんだけが決して特別なのではない。

頭の中にあるシナリオやラストシーンは人それぞれである。しかし、だれもが手帳を活用し、努力を重ねれば、必ずや自分なりの夢の実現ができるはずだと私は信じている。

第4章のポイント

「仲間」との上手な付き合い方

- 自分が主人公の映画を撮影しているつもりで日々を過ごす。そうすれば、ワクワク感が増幅する。それが主体的に生きる原動力になる。
- 理屈や数字（確率論）にばかりとらわれるな。自分の成功を明確にイメージして、努力を続ければ、確率論を超えられる。
- あなたの人生を劇的に変える「人生の協力者」と深く付き合え。
- 大きく稼ぐには、「自ら稼ぐ人」にとどまってはいけない。「稼ぐチームをつくるリーダー」に脱皮すべきだ。
- 良きリーダーとなるには、自分を支える「仲間」と目線を合わせ、同じ時間を共有する努力が必要。心の架け橋を築くことで、チーム力は強化される。
- 「人」のために金と時間を投じれば、「人」は必ずついてくる。

第5章

年収1億円稼ぐ人の手帳は、「自分ブランド」を徹底してつくる

異質のものの組み合わせから、強固なブランドはつくられる

大いに稼ぐためには、自分ブランドの形成が欠かせない。そのためには人がやっていないことをやることに限る。前人未到のことをするから、それがブランドとなり、他人から高い評価を受けるのだ。

しかし、いくら前人未到とは言っても、ゼロから新しい製品や仕組みを発明する必要はない。

あのアップルのｉＰｈｏｎｅだって、ケータイとパソコンという既にある技術を組み合わせたに過ぎない。異質のものを掛け合わせることで、新しいものが生み出された典型例である。

天才経営者であったスティーブ・ジョブズもそのことは常に意識していたようだ。世の中に新しいものを生み出したい、世の人のライフスタイルを変えたい、

を経営の目的に据えていたジョブズは、しばしば京都を訪れ、禅の世界に傾倒したという。

それは、異質な文化に触れることで、画期的な製品を生み出す糧にしたいと考えたからではないかと私は推測している。

異質のものを自らに取り入れることで、成功したのが「アース」である。

國分さんは、徹底した他者思考によって、異業種のもの、未知のものを観察、記録、分析するのを習慣化している。その上で、自分たちが利用しやすい形に情報を変換し、新しい制度や手法を導入してきたのだ。

つまり、「異質のものを自分たちが利用しやすいような形に変換し、導入する力」に秀でていたのである。それが短期間で、会社を業界2位にまで押し上げた要因の一つである。

國分さんは新しいことを始めるとき、データの収集から始める。

独立して5年目のころの國分さんが注目したのは、サロンの平均店舗数だった。調べると、およそ2店舗。業界の当たり前のやり方でやったら、美容室チェーンは大きくできないということが分かった。

実際、当時、國分さんは課題を抱えていた。独立当初から多店舗展開を考えていた國分さんであったが、店舗数は4店舗で頭打ち。それ以上どうしても増やすことができないでいた。

独立前の修業時代に17店舗を立ち上げた実績があったので、すぐにそれぐらいの店舗数までは増やせるものと考えていたが、現実は甘くはなかった。


理由は明らかだった。スタッフが定着しなかったからだ。

当時、1店舗あたり5、6人のスタッフを抱えていたが、美容業界はとりわけ人の入れ替わりが激しい業界である。

理由もなく急に来なくなったり、せっかく手塩にかけて育てたのに、すぐに独立してしまう。そんなことが相次いだ。平均して、1店で年間、2、3人のスタッフが店を辞めたという。

1店あたり20坪ほどの小じんまりとしたサロンだったため、スタッフが一人でも抜けてしまうと相当な痛手である。結果的に既存店を維持するだけで精一杯になり、拡大路線を歩めなかった。

また、そのせいで、國分さんは経営者として辣腕《らつわん》を振るおうにも、また鋏《はさみ》を持たなければいけなくなる。思い通りにいかない日々を過ごしていたのだ。


従来の日本型のサロンの仕組みでは限界があるのは明らかだった。

「何とかこれを乗り越える方法を見つけなければ」

そんな矢先、國分さんはアメリカへの視察旅行に行くチャンスを得る。サロン経営者の勉強会仲間から声を掛けられたのである。

このとき見学したアメリカの郊外型サロンが運命を変えた。

日本とは規模が全く違う。400坪の広大なフロアで、多くのスタイリストが立ち働いていた姿に、問題解決の糸口を見出したのだ。

すぐに、國分さんは
「これを日本でやってみたらどうだろう」

と頭を巡らして、手帳に書きとめた。

これなら、スタッフが数人辞めても影響は出ない。

課題は解決するに違いないとあたりをつけた。

さらに、このアメリカ視察では、成果報酬型の料金体系、人事評価システムも学んだ。アメリカではすべてフルコミッションという形態をとり、スタイリストの腕前のランクごとに、カット料金、給料体系を組み上げていたサロンが多かったのだ。

仕事がそのまま給料に結び付くのだから、スタッフにも分かりやすい。何よりもモチベーションも上がるだろうと思った。

それまで國分さんのモチベーション管理は、ひたすら「義理人情」であった。コミュニケーションを充実させ、情熱を持って指導する。スタッフの悩みに耳を傾け、食事もご馳走する。

しかし、それでもスタッフは定着しない。どんどん辞めていく。それなら、やり方自体を抜本的に変えたほうがいい。そのヒントを得たアメリカ視察になった。

目的を明確にして、実現可能性を追求しろ

帰国後、國分さんはすぐさま大型サロン経営に移行する。65坪、スタッフ20人の大型サロンを開店させた。

これに併せて、料金体系、給料体系も変えた。

この試みはすぐに結果となって表れた。それまでの4店舗全体の月商を1店舗で実現したのである。以後、立て続けに大型サロンをオープンしたが、軒並み成功を収めたのである。

さらに、新しいスタッフは成果報酬という新しいモチベーションを得て、活発に仕事をするようになった。とはいえ、以前から働いていた従業員はその大きな変革の波についていけず、多くは店を後にした。

この改革努力がもたらした効果はほかにもあった。國分さんが完全に現場から離れて、経営者として店の仕組みづくりに没頭することができたことだ。

こうした成功の要因は、どこにあったのか。

一言で言えば、異質性の導入である。アメリカの郊外型サロンという、日本とはまったく異なる要素の中に、解決のヒントを見出し、実行した。

その後も、國分さんは積極的に異質性の取り込みに力を入れる。

その一つが独自のフランチャイズチェーンの導入である。

大型ファーストフードチェーンやコンビニチェーンなど、フランチャイズシステムを取り入れているあらゆる業界、企業のビジネス本を取り寄せた。

それもただ模倣するのではなく、どのようにしたら各オーナーのやる気やモチベーションを高められるか、そのために本社機能はどうあるべきかを徹底的に考えた上で導入した。

それが現在のアースのフランチャイズ制度に存分に生かされている。

それだけではない。接客法やマナー、マーケティング・リサーチなども異業種から学んだ。本質を見抜き、自分たちが導入しやすいように、アース流に変換した上で、導入しているから、間違いは起こらない。

健康飲料会社のK社長も異業種から学ぶことは多いと言っている。行動力が抜きんでているK社長らしく、実際に異業種企業を訪れて、情報収集するのである。

異業種企業だから健康飲料会社とはライバル会社にならない。ゆえに、K社長の人柄もあって、簡単に気を許し、とっておきの情報もすべて教えてくれた。

このように、稼ぐ人は異質のものを取り込む「導入力」、さらにはそれを自分たちが利用しやすい形に変える「変換力」に優れている。

なぜ優れているかと言えば、自分の「目的」や「夢」に素直であろうとする強い欲求があるからにほかならない。

目的を叶えるために、自分に足りないものを手に入れたい。

分からないことを把握したい。課題を解決したい。

その意欲がある人は、視野が広い。業界も国境も超えて、自分たちに役立つ情報を貪欲に求めに行く。


一方で、彼らは常に現実感を失わない。夢を夢で終わらせずに、調べる対象を徹底的に観察、分析し、実現可能なところまで手繰り寄せる執着心ときめの細かさがある。これはまさに、本書で紹介してきた手帳の機能そのものであろう。

常に人生の「目的」を手帳に書きとめ、確認し、意識の底に刻み込む。

それだけではなく、現状の課題はもとより、観察したことや分析結果も手帳に書き入れることで、考えを整理する。

さらに「実際に事業を進めるとしたらどうすべきか」という視点でシミュレーションし、実現可能性を追求する。

こうした前提があるからこそ、「導入力」「変換力」は鍛えられるのである。

「ありがとう」と言われたいのか、稼ぎたいのか、はっきりしたほうがいい

自分ブランドを持たない人間は、目的意識が明確ではない。

ゆえに、自分のポジション、いわば「働き場所」を誤り、つまらない人生を歩んでしまう、ということになる。

私の顧客の一人に、日本一のストレッチマッサージ店を経営している人がいる。多店舗展開しているのであるが、多くの若者が就職したいと問い合わせしてくるらしい。

決して給料が高いわけでもない。なのに、門を叩く若者が引きも切らないという。その背景に何があるのか興味が出てきて、その経営者に聞いてみた。すると、「彼らはお客さんから、ありがとうと言われたいんですよ」との答えが返ってきた。なるほど、そうだったのかと合点がいった。

腕のいいマッサージ店に行くと、実際、体が楽になる。元気が出る。それで、自然にお客さんの口から、「ありがとう」という言葉が出る。

せちがらい世の中、なかなか感謝の言葉を聞く機会は少ないが、この業界だけは別のようだ。これが若者にはこたえられないようである。

というのも、若者は就職活動で精神的にきつい状態に置かれている。何社も受けてもことごとく落とされると、自分の人生がことごとく否定されたような気持ちになる。運よく就職できても、ぼろ雑巾のように働かされる。

そんな彼らにとって、

「ありがとう」

という言葉は、何よりも価値が高い。

直接に体に沁みとおってくるビタミン剤のようで、何ともいえない心地良さを感じるようだ。

こういう働き方を私は否定しない。自分がどこに目的を置くかである。

「ありがとう」と言われたいのであれば、「ありがとう」が飛び交う業種で勤めればいいのだ。

要は稼ぎたいのか。それとも「ありがとう」と感謝されたいのか。それを明確にし、手帳に書きとめることが大事なことである。

それを日々、確認すれば、ポジションを間違う確率を低くすることができるはずだ。

さらに、そこを起点に、

「誰にありがとうと言われたいのか」

など、ターゲットを細かく考え、より自分自身が進む道を具体的に分析すればいい。それを時おり確認していれば、自然と意識がそちらに向かい、より自分を生かせる、最適なポジションをつかむように行動する契機になる。

困るのは、両方求める人間だ。金も欲しいし、感謝もされたい。人間の性ではあるが、そんなアバウトな考えを持っているから、ポジションを間違うのだと声を大にして言っておきたい。

一貫性がないから、ブランド力が上がらない

先日、大手損保会社に同期入社した男と酒を酌み交わした。若いときはハツラツとしていたが、顔の色つやもよくないし、いかにも疲れ切った感じで、体調も悪そうだった。彼はまだその会社で働いている。

話を聞くと、課長にまで出世したようだが、今や社内リストラのつけが彼にまわっているようだ。プレイングマネジャーとして、自分で代理店まわりや取次の申し込みなどの雑務もこなさなければならず、体がいくつあっても足りないという状態らしい。それで疲れ切ってしまっているようだが、彼はため息をつきながら、こんな言葉を口走った。

「よかったな、お前。会社を辞めて」

私は、苦笑いを浮かべるしかない。あまりにも意外な言葉だったからである。

というのも、彼は私がかつて辞表を会社に提出する間際まで、「お前、馬鹿だな、出世街道をひた走って、労働委員会の委員長にまでなって、どうして辞めるんだよ」

としきりと、退社を思いとどまるよう忠告してくれた男だからだ。

彼の発言を聞いた私は、彼が置かれた状況に同情する一方で、自分ブランドを持たない者の思考とはこの程度であるのかと改めて痛感した。

考えに一貫性がなく、サラリーマン社会という窮屈な物差しの中で、右往左往しているだけ。思考が停止してしまっている。**自分は何のために仕事をしているのかすら、よくわかっていないのだと思う**。

だから、精神的に余裕がなくなり、他人の動向が気になって仕方がない。相手の状況が悪そうであれば同情し、よさそうであればうらやましく思う。自分ブランドのかけらもないのだ。こうしたサラリーマンは多い。

こういう人ほど、過去手帳をもとに、人生の目的探し、自信探しに時間を掛けたほうがいい。

独立前の実績が、起業後の指標となる

自分の適性に合ったポジションを獲得できるか。これが最も問われるのが起業であろう。本来なら向いていないのにもかかわらず、勢いで起業してしまったばかりに、不幸な状態に陥る人がことのほか多いから、問題は深刻である。

世の中には大別して、徒手空拳《としゅくうけん》でゼロから何かを創り上げることができる人と、組織の中で仕事をしたほうがいいタイプの2種類がある。

私は前者をアントレプレナー型と称しているが、具体的に言えば、会社のバッジがなくても、自ら動いて、稼げるタイプである。

後者は既存の取引先をサポートし、関係を長く保つことに長けた組織人間である。このタイプが、ゼロから起業しようとすると、大きな苦労が待っている。

アントレプレナー型の条件は、12歳までの家庭環境によって決まる。子ども時

代にお金や愛に飢えていた人は、その条件に適っている。生涯、それらを穴埋めしようとがむしゃらになるからだ。こういう人はゼロから起業しても問題はない。

私はセミナーなどで講師を務めると、必ず参加者から聞かれる質問がある。

「起業したら、どういうことに注意すべきですか」

いかにも的外れな質問だと、正直思う。

なぜなら、起業後よりも、起業前のほうが大事だからだ。

独立前に務めていた会社での実績こそ重視すべきである。ここさえ見れば、その人は起業すべきか、してはいけないかが分かるのだ。

新規開拓で実績を積み重ねてきた営業マンは、独立しても稼いでいけるはずである。自分でチャレンジしている人間だからである。

逆に言えば、起業してから改めて努力することなどそれほどない。これまでの実績やノウハウを支えに、さらに頑張ればいいだけだ。

会社のバッジから一度離れて、自分に最大限の負荷をかけてみろ

過去の自分を振り返って、今になって分かったのだが、私自身はアントレプレナーの条件を備えていたように思う。

サラリーマン時代から新規開拓ばかりやってきたし、何しろ、前任者がつくった既存の取引先を引き継ぐのが、嫌で仕方がないという性分だった。

自分が前の担当者と比べられてしまうのがうっとうしい。

成績だけで比べられるのならいい。実力主義は望むところだが、人間関係にはその人の好みがつきまとうから、気を遣う。それがストレスになる。

それよりもゼロの段階からアプローチを掛けて、新しくお客さんを獲得したほうが気持ちがいいし、儲けも大きい。そういうスタイルでずっと仕事をしてきた。

そんな私が大手損保会社を退社して、外資系保険会社に移ったのには理由があった。より厳しいところで勝負をしたいという思いがあったからだ。

それまでも順調に成績を上げてきていたが、

「お客さまは私自身に魅力を感じて契約してくれたのか。実際はそうではなく大手損保会社のバッジに引き付けられたのではないか」

次第にそういう不安が頭をもたげるようになった。要は自分は単なる池の中の鯉ではないかとの思いが強くなっていったのだ。

なぜそのように考えるようになったのかというと理由がある。

大手損保会社の社員時代、出向した自動車販売会社で財務部長に就いたことがあった。そこで一般企業の資金繰りの厳しさを、身を持って体感することになった。生涯、金に苦労し続けた父親の大変さを初めて理解できた機会でもあったが、同時に、

「いかに自分はバッジに、会社の看板に頼っていたのか。金のことも一切考えず、仕事をしていたのか」

という現実を改めて思い知らされることになった。

もやもやした気持ちを抱えていた私は、そうした思いを払しょくするためにも、新しいステージでチャレンジしようと考えた。

バッジの力が通用しないところで、ビジネスすることを決意したのだ。


ヘッドハンティング会社を通じて、お声掛けしていただいたさまざまな保険会社の中から私が選んだのは外資系生命保険会社だった。最も歴史が浅く、知名度も低い。さらに営業所もそれまで縁もゆかりもない広島を選んだ。

だからこそ、自分の力を試せると思ったのだ。

ところで、このときはまだ、起業は選択肢になかった。

一通り財務も学び、資金繰りの難しさを体感したことで、

「起業は甘いものではない」

ということも分かったし、

「絶対に自分で商売するな。サラリーマンがいい」

と生前から始終、忠告してくれた父の姿を思い出したからだ。いつかは起業するにしても、修行の時間が必要だと判断した。

ちなみに、この外資系保険会社については、入社に先立って、一度だけ面接があった。伝説的な営業マンで、このときは役員を務めていた方がわざわざ九州まで出向いて、面接してくれた。その人がタバコをくわえながら、開口一番、「いつから来るんや。お前、日本一になった男やろ。ここでも1番になれよ。それも1年でな。じゃないとお前のメッキ、はがれるぞ」と、まくし立ててきた。私はどんなときでも気持ちが動転することがない性分だが、このときはいささか我を失いそうになった。圧倒されたそうになったのだ。しかし、次第にその豪快な物言い、態度、風体に慣れてくるに従い、非常にワクワク感を感じたことを覚えている。

そこで、絶対1年で1番になってやる、とその人の前で宣言した。今になって思うと、あのとき、そうした気概を持てたことがその後の成長につながっていると思う。新しく挑戦する際には、徹底して攻めの気持ちを持って、体当たりでぶつかることが何よりも重要だからだ。

最近は、意に沿わない部署に回されたり、転勤するのを嫌がって、起業する人も少なくないが、そんな逃げの起業では成功しない。

負けパターンの断ち切り方は知っておいたほうがいい

「人間は習慣の動物である」

これはウォーレン・バフェットの言葉であるが、けだし名言である。

稼げる人間には稼げる習慣があり、稼げない人間は稼げない習慣がある。シンプルに考えれば、稼げない人は稼げない習慣を捨てて、稼げる習慣を持てばいいということになる。

人は何を習慣にするかで、成功もすれば失敗もするのである。

ただし、少々やっかいな問題がある。「習慣」を自己管理することは至難の業でもあるということだ。

だれしもいい習慣があれば、悪い習慣もある。いい習慣、稼げる習慣は生きる上で掛け替えのない武器になるが、問題は悪い習慣、稼げない習慣である。

この悪い習慣のせいで、人は失敗に陥るのだが、なかなか自分でコントロールすることが難しい。

物事がうまく回る、すなわち順風を背中に受けて、行け行けドンドンといった感じで、成長の階段をすたすたと登る。あともう少しで目標に到達するといったときに、少し気持ちのゆるみが出る。それまで抑えていた悪い習慣が顔を出す。

そのせいで、一気にその階段から転げ落ちて、再起不能に陥った人を、私は何人も知っている。

あるいは何年たっても、芽が出ないという人がいる。**人並み以上に努力もしているようだ。でも、ずっと鳴かず飛ばずなのには、理由がある。日々の習慣が悪いからである。**こういう人も私は何人も知っている。

振り返ると、人類史は失敗の歴史ではないかとすら思う。バブルしかり、戦争しかり。立ち直れないぐらいの影響、被害を受けて、そのときには、「もうこんなことはしてはいけない」と強く決意する。戒めにする。

しかし、人間はやがて、それを忘れてしまう。そのために、同じことを繰り返してしまう習性があるようだ。

だからこそ、そうならないために常に過去の出来事、教訓を記憶に刻み、現在の行動に生かしていかなければいけないのである。それができれば、あなたのブランド力は格段に高くなる。それに役立つのが、まさに手帳である。負の連鎖を断ち切るために、手帳を使えばいいのである。

ところで、手帳との関連で、この「習慣」を分かりやすくとらえ直すとしたらどういうことになるだろうか。

既に説明した「勝ちパターン」「負けパターン」が、分かりやすい指標となろう。つまり、いい習慣が「勝ちパターン」、悪い習慣が「負けパターン」というわけである。

「勝ちパターン」については、それを改めて意識し直し、ビジネスに活用することの利点、方法を詳しく述べた。

そこで、ここでは「負けパターン」をいかに自分ブランドの形成につなげるかという観点で、説明を試みたいと思う。つまり、自分の失敗事例を再認識し、負けない自分をつくり上げる戦術である。

ちなみに、負けない戦術とは、実に高等戦術でもある。

人間は勝つこともあれば、負けることもある。

もちろん、一敗地にまみれても、心がけ次第で勝ちに転じることも不可能ではないし、そこで大きな気づきも得られることは多いが、できれば同じ負けるにしても、圧倒的な負け、大敗は避けたほうがいい。あらゆる知恵を駆使して、決定的に負ける状態を避けるのだ。

そして、最後の最後、小さいながらも勝機が見つかったときに、持っているリソースをすべてつぎ込んで、勝ちにつなげる。負けない戦術を考えることは、勝者になる確実な方法でもある。

そう考えると、「負けパターン」から導き出される戦術とはいっても、リスク回避型の日和見主義とは異なることが分かるだろう。むしろ、もっと積極的な意味が含まれているのである。

短所や失敗はあってもいいが、手帳に書き込み、チェックするのだ

自慢するわけではないが、不肖江上は守りが苦手である。

創業型オーナーにもよく見られる傾向だが、一度目標を定めたら、あれこれ迷わずに、猪突猛進に突っ走る。このひたすら突っ走ることができてこそ、業績を上げられるわけだが、これは長所であると同時に、短所でもある。

プラス面ばかりに目がいく一方で、自分のマイナス面を軽視する傾向があるのだ。言い方を変えると、勝ちパターンばかり重視し、負けパターンを軽んじがちだということである。

だからであろう。気持ちが緩むと悪い癖が出てくる。悪い癖の一つが傲慢になることだ。ゆえに、私は、傲慢さが表れてきたときには、自分で、

「これはやばい」

と思うようにして、気持ちを落ち着けるようにしている。

なぜそのように自分で自分をコントロールできるかというと、自分の短所、失敗例を手帳に書きつけ、折に触れてチェックしているからである。私は、自分の手帳にあえて「失敗コーナー」を設けて、詳しく記述してあるのだ。

これをしていなかったサラリーマン時代には、よく失敗を繰り返した。業績を上げ表彰される。出世するようになると、この性格だから調子に乗ってしまう。私が業績を上げていることから、意識の高い後輩たちが、

「江上さんはどうして好成績を上げられるのですか」

とその秘訣を聞きにくる。

じゃあ酒でも飲みながら教えてやろうかということになるわけだが、調子に乗っているから、まともに答えようとしない。

若手社員を肴に、適当に自慢話をするだけだ。

「江上さんは代理店の新規開拓がすごいですね。どうやったら江上さんのようになりますか」

「簡単だよ、取引先から紹介してもらえばいいんだよ」

答えになっているのか、いないのか、判然としないことを口にして、気持ちよく飲み、酔っぱらう。

それでお開きになるのだが、後日、上司に呼び止められた。共に飲んだ後輩は、素直な性格だったから、真に受けて、主な取引先に、

「取引先を紹介してください」

と矢の催促を繰り返したことで、方々からお叱りを受けたらしい。


さらに悪いことに、その元凶が江上だということが露見してしまったから、お小言を食らうはめになったのである。

「お前、後輩にテクニックを教えてどうするんだ。考え方を教えろ。失敗例を含めて、お前のプロセスを教えてやれ」

と徹底的に絞られた。

その瞬間、はっと思った。我に返った。その傲慢さで自分は失敗してきたことを思い出したのである。

さらに言えば、後輩へのアドバイスも不誠実そのものであったと反省した。

実は、取引先に自ら紹介を求めるのは、この業界ではタブーなのである（それを勧めるビジネス本もあるが）。

実力がある営業マンには、先方から、

「ぜひ江上さんに紹介したい人がいるんです」

という申し出が必ず来る。

それまで待たなければいけない。

長い時間を掛けて、人間関係を構築し、相手を儲けさせるからこそ、そのお礼という形で紹介を受けるのである。

これが、営業マンの仕事の順序だ。

それを自分は知っておきながら、後輩にウソを教えてしまった。

傲慢さが招いた不誠実な対応としか言いようがない。

なぜ、こういう話をしているかといえば、実は、私は代理店の新規開拓で大失敗したことがあったからだ。

失敗からいかに成長するか

最初の失敗は、23歳のころである。私は本社からの異動で営業所の課長補佐に任命された。営業マンとして、何とか成績を上げたいと燃えていた。

私が目を付けたのは代理店の新規開拓であった。新規開拓の場合、契約された保険料の5倍が自分のポイントとなり、成績が上がりやすい。

そこで、ある代理店の会長に、

「どなたかお知り合いの方を、弊社の代理店としてご紹介いただけませんか」

とお願いした。

まだ異動して間もなくの時期で、人間関係も築けていない。今振り返ると、若造のくせに、ひどく無礼なことをしてしまったものだと恥ずかしくなる。

すると、

「お前はビジネスマン失格だ！」

その会長が声を荒げた。一瞬、その場が凍りついた。

「お前が今言ったことは、いきなり俺に同業者のライバルを紹介しろということだろ！　転勤してきて俺の役に何一つ貢献していないお前に対して、なぜ俺が商売がたきを紹介する必要があるのか？

まず俺に何かを要求するなら、俺に対してメリットなり、利益を提供してお願いするのが、ビジネスマンとしての最低のマナー、礼儀じゃないのか。どんな教育を受けてきたのか、お前の親の顔が見てみたいよ！」

そこまで一息で言ったかと思うと、その場を立ち去ってしまった。

衝撃だった。言われてみれば、もっともなことばかりだったので、余計に精神的にきつかった。さらに、自分の親まで否定されたようで、情けなくて涙が出そうになったほどだ。これが私の最初の失敗である。

このときの教訓は、

「取り引き先に自ら紹介してくださいと口に出してはいけない」

「計算から入ってはいけない」

ということだった。**要は、自分の利益ばかり考えると失敗するということをこのとき学んだのである**。以来、相手の立場をいかに理解するかが、ビジネスをする際の、私の最重要項目になった。

そして、後日、もう一つ、大きな教訓があることを知った。

それは、自分の努力次第で、失敗を単なる失敗に終わらせない。失敗を成功につなげることもできるという教訓である。

上司からの、

「失敗を取り戻そうと思ったら、御用聞きをしろ」

との指示を受けて、怒られた会長のもとへ日参し、

「僕がお役に立てることは、何ですか」

と何度もおうかがいをした。

さまざまな雑務をこなしたが、半年後には、何と10件もの紹介先をいただくことができたのである。

金をかけた接待から、「人脈」は生まれない

江上の失敗話に、もう少しお付き合いいただきたい。

これもサラリーマン時代の「紹介」にまつわる話だが、当時は大手損保会社に属していたから、多額の交際費を使うことができた。

それをいいことにある銀行の幹部に接待攻勢をかけて、「代理店になってくれそうな人を紹介して欲しい」と懇願したことがある。23歳のとき、自ら紹介を請《こ》うことはいけないと、実体験をもとに教えられたはずなのに、見事にその教訓を忘れてしまっていたのだ。

しかし、このときは幸運が訪れたようだった。ある有力な旅行代理店を紹介してもらうことができたからだ。

その経営者は元デパートの外商をやっていた関係で、富裕層のお客さんを多数

持っているということだった。

私は心が弾んだが、この情報に不信を感じたのが直属の上司だった。

「なぜ、その人はデパートの外商をやめたのか。そこには何か理由があるのではないか。そこをまず調べておけ」

との指示が出た。

しかし、早く結果を求めていた私は、その作業を怠った。そして、自分の意見を押し切った。絶対に数字が出ると盲信してしまったゆえだろう。

当時は数字ばかり追っていたのだ。

「大丈夫ですよ。銀行の紹介ですし、確かな男と聞いていますから」

と何の根拠もないのに、強弁したのである。


実際、その経営者は順調に保険契約をとっていったのであるが、やがて、大問題が起こった。現在ではシステム上、そういうことが起こらない仕組みになっているが、当時、代理店はお客さんのお金を扱うことができた。

その扱ったお金のうち、5千万円もの使途不明金が出た。後日わかったのだが、その経営者が使い込みをしていたのであった。

使途不明金が明らかになると同時に、経営者はトンズラして、自分たちの前から姿を消してしまったから焦った。

すぐに上司の命を受けて、刑事のごとく、その経営者の周囲から聞きつけた情報を頼りに、彼が訪れそうな競輪場、パチンコ店を、日夜捜索した。情けない経験だった。

彼が乗る自転車がないか、駐輪場もくまなく探したものだ。

そうした努力を2週間続けたところ、競輪場でギャンブルに興じていた彼の身柄を確保することができた。今だったら、世間をにぎわす大事件になっていてもおかしくない出来事だったと思う。

この失敗を通じて、

「お金をかけた接待から本当の人脈は生まれない」

「自分より経験がある人（上司）の意見はよく聞く」

この2つの教訓を得た。

今でもその教訓は、私の毎年更新される手帳に書き留めてある。

「失敗の責任は自分にある」
未熟さを知ることから成長は始まる

最後に紹介する失敗話は、起業後のエピソードである。厳密に言えば失敗話とは性質が異なるのだが、わが社の笠井裕予の入社にまつわる話である。

笠井は、お客さんとして、私が主催するセミナーに参加した。まったくの未経験者ではあったが、「ＦＰになりたい」というので、入社を認めたのであった。わがオフィシャル初めての新入社員である。

ところが、入社後、数ヶ月して、おかしなことが起きた。

笠井あてに、仕事に関係ない変な電話が何度も掛かってくるようになったのだ。問い詰めると、

「借金が５０００万円もあって、債権者から催促が来ている」

とのことだった。そのとき、正直、

「失敗した、採用しなければよかった」

と思った。

早速、私は自分のお客さまでもあり、メンターでもある有力者に相談した。

すると、叱責を受けた。

「その女性はある日、天から降ってきて、お前の会社に入社したわけじゃないんだろう。お前が採用して、入社させたんじゃないか。原因はお前だ。だとしたら、お前自身が解決しないとダメだろう。それが経営者の役割じゃないか」

それで決心がついた。

借金を肩代わりして、徹底的に鍛えてやろうと腹を据えた。


結果的にそれがよかった。

稼ぐ必要に迫られて、ビジネスモデルを変えた。

お客さまも厳選したおかげで、わが社独自の「富裕層専門」のコンサルティング業も確立できた。それによって、会社自体が大きく成長できたことは間違いない。

このように私は数々の失敗をしてきたわけだが、こうして振り返ってみると、大事なことは、

「失敗を繰り返さない」

「失敗を良き教訓にして、次につなげる」

この2つだったと思う。

そのためには、最後の事例が示すように、

「失敗の責任は自分であると覚悟を決めることが欠かせない。」

当事者意識を持てば、失敗は直接的に心に響く。

当社顧問の六信浩行《むつのぶひろゆき》さんも、

「人間は失敗しないと変わらない。失敗したときのインパクトが気づきをもたらし、人を成長させるのである」

と言っているが、その通りである。

その証拠に、当事者意識が欠けている人間は、失敗しても、どこか他人事である。切実感が決定的に欠けている。

だから、毎度のごとく、同じ失敗を繰り返すのである。

切実感を持てば、人間は変わる。大いに反省し、自分を戒めるようになる。

ただ、繰り返すように、人間は忘れやすい動物である。

時がたてば、失敗の責任を自らに背負い、猛烈に反省したあの日のことを忘却し、また元の悪い癖が出てくる。

そして、また同じ過ちを繰り返す。

だから手帳である。

なぜ、私はかくのごとく、自分の失敗事例を事細かく覚えているかというと、手帳に書きつけているからである。

忘れてしまいたい、つらい記憶ばかりだが、忘れてしまえば、また失敗してしまうかもしれない。そうすれば、あの失敗したときの辛さ、情けなさをまた味わなければいけなくなる。

私はその情けない気持ちを、再びかみしめたくないので、繰り返し、繰り返し、手帳に書きとめられた自分の失敗の数々を、日々、確認しているのである。

第5章のポイント

「自分ブランド」のつくり方

- 「変換力」と「導入力」を駆使して、異質のものを取り込め。それがあなたのブランドになる。
- 自分にとって最適な「ポジション（働き場所）」を見つけなければ、自分ブランドの価値は上がらない。
- ブランド価値を上げるためには、自分が望んでいることを明確にすることから始めなければいけない。
- 新しく挑戦するときには、体当たりでぶつかること。逃げの姿勢ではうまくいかない。
- 人間は習慣の動物である。よい習慣は武器になるが、悪い習慣を続ければ、失敗を招く要因になる。
- 悪い習慣を断ち切るためには、自分の失敗事例を手帳に書きとめ、日々チェックすることが必要だ。

第6章

夢も会社も永続するために

「ワクワク感」を原動力にするために

いくら立派な志を持っても、輝かしい夢を抱いても、それが砂上の楼閣のようにもろい存在では意味がない。「継続は力」であり、志も夢も、会社も事業も、永続していかなくてはならない。

どのようにして継続、永続させていくのか。

とてつもなく稼ぐ人たちのその方法を見ると、次の5つがポイントとなるようである。

- **ワクワク感を原動力にする**
- **与える人（会社）になる**
- **応援される人（会社）になる**

・ライバルを持つ
・同志（協力者）をつくる

いずれも「手帳」を上手に活用させて、継続、永続のためのツールとしているところに特徴がある。

稼いでいる人たちに接していて感ずることは、実に自分の感情や欲望に素直だということである。レストランに一緒に行って食事するときも、彼らはコース料理を注文しないことが多い。

肉なら肉、魚なら魚、そのときに食べたいものを、体の状態を察知して、一品一品頼むのだ。そういう意味で、実にシンプルである。

継続させようとする方法もシンプルである。

中国人で、会計事務所を7つ経営し、パソコンゲームを開発して大当たりした恩さんという人は、私に会うと、決まってこう言う。

「江上、グレイト・モーニングだよ」

グッドを通り越して「グレイト」（偉大な）な朝、それを迎えなきゃいけないよ、というのである。

彼は、毎朝、目が覚めると、

「素晴らしい朝だ！　グレイト・モーニング！」

と、大きな声で自分に告げる。

それから、その日は何をして楽しい思いをしようかと考えるのだ。

行く場所、会う人、やるべき仕事、などを手帳で確かめると、どの人と、あるいはどの場所で、どんな楽しいことをしようか、とプランニングするのである。

そこで考えついたプランは、手帳に書きつける。

そして、その通りに1日を演出していくのである。

つまり、毎日の生活、仕事に必ず「楽しいこと」「ワクワクすること」を忍び込ませ、実行していく。それを原動力にしているのである。

また、40代前半の貿易会社の社長は、

「毎日見たくなるプラス手帳に」

と決めて、1日の終わりには、必ずその日の成功体験を記すという。

毎日、1つだけの場合もあるし、3つ4つと列挙できる場合もある。

それを、翌朝の1日の始まりに見直して、

「今日は、もっといい経験をしよう」

と考えるのである。

これは釣り日誌と同じようなモノだろう。昨日はどこでどんな魚が釣れたのか。いつもそれを確認して、「今日は、もっと大きな魚を釣ろう」と、心新たに漁場に出かけるというわけなのだ。

いずれもプラス思考を原動力に、朝のスタートをよりよく、気持ちよく、切るようにしているのである。

ほかにも、気づきを書き込むメモ帳や、「目的」「目標」を明確にしたビジネス手帳など、目的別に4つの手帳を使い分けている女性経営者もいる。

その形はそれぞれ違うのであるが、いつも、ワクワク感を気持ちの中に湧き上がらせるノウハウを見つけた人は、状況の変化に強い。逆境にも強い。

ワクワク感は、継続、永続のための栄養剤のようなものなのである。

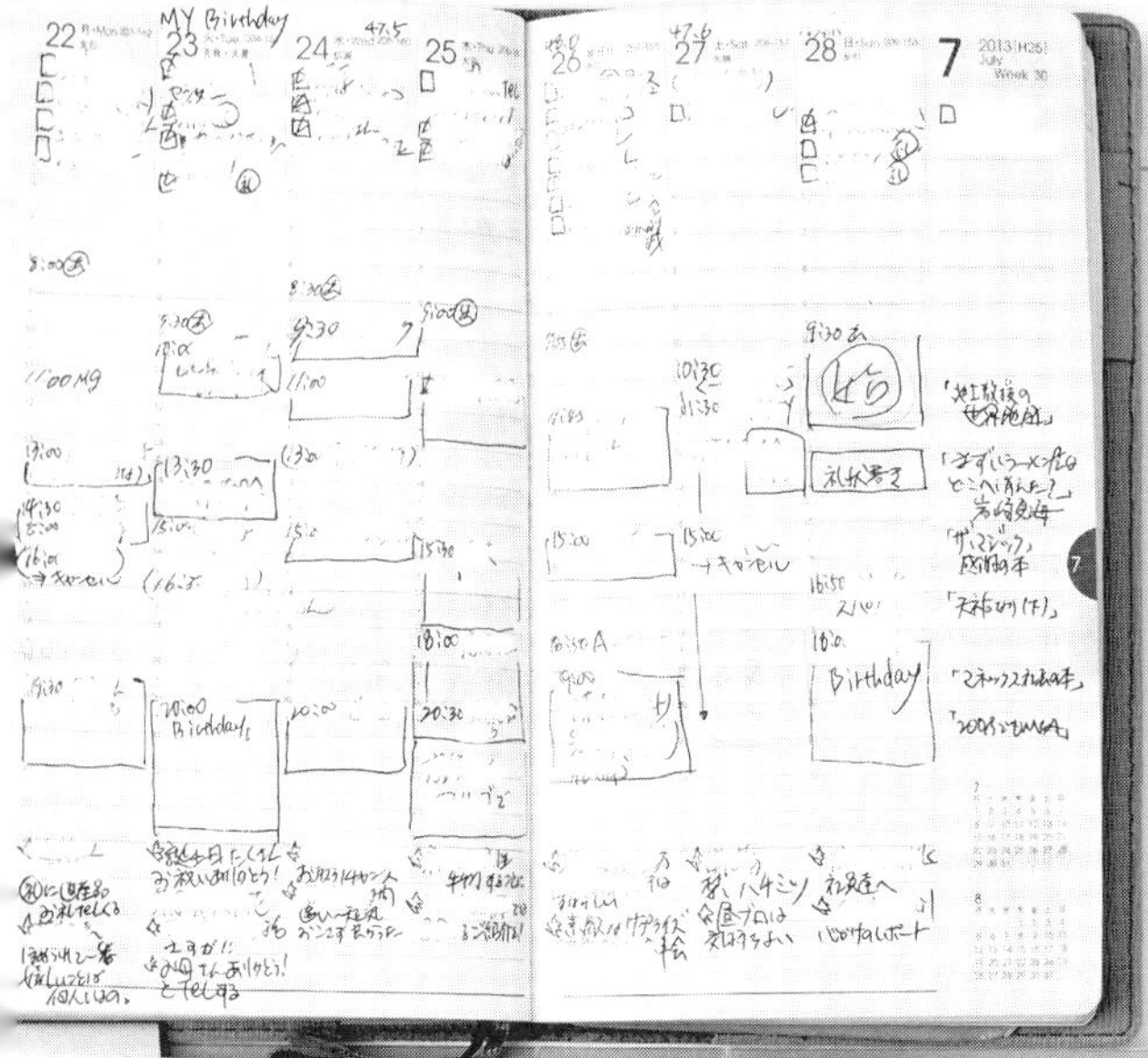

重要な約束には時間をブロックしておくスケジュール帳。その週に読んだ本を記録したり、感謝メモをつけている。

目的、目標を明確にしたビジネス手帳。

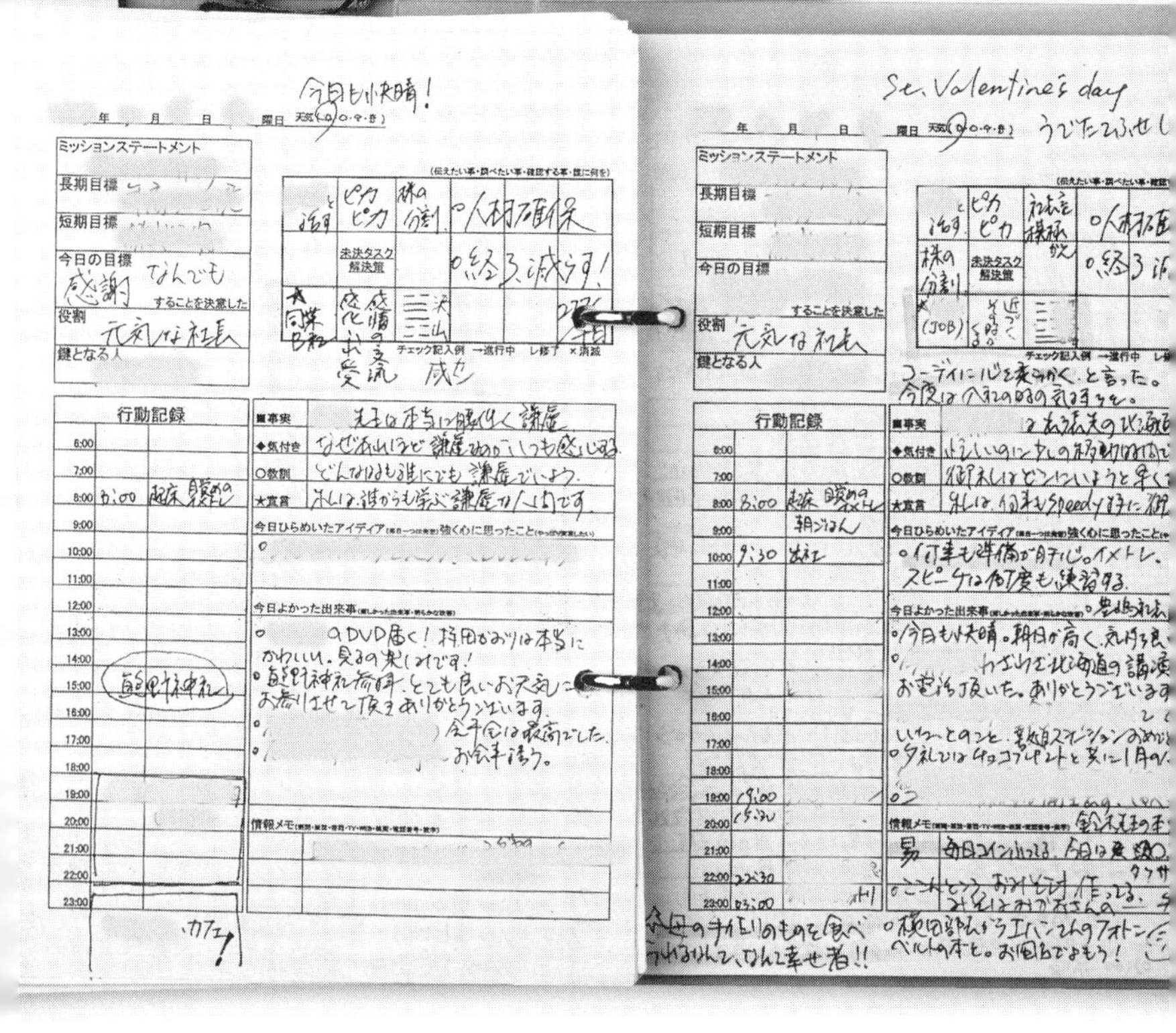

■人材派遣会社を営む女性経営者の４種類の手帳

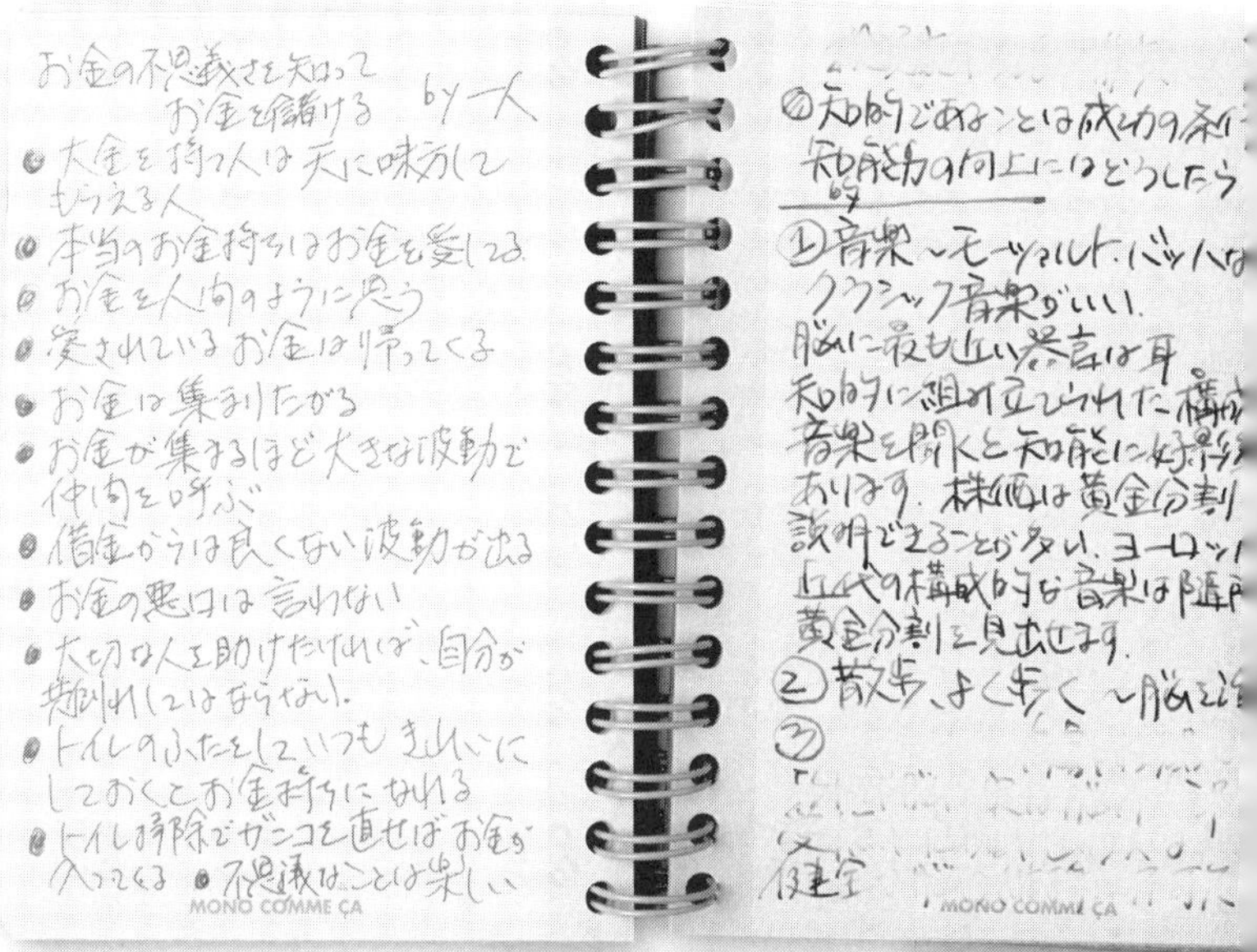
お金の不思議さを知って
お金を儲ける by 一人
大金を持つ人は天に味方してもらえる人
本当のお金持ちはお金を愛してる
お金を人間のように思う
愛されているお金は帰ってくる
お金は集まりたがる
お金が集まるほど大きな波動で仲間を呼ぶ
借金からは良くない波動が出る
お金の悪口は言わない
トイレのふたをしていつもきれいにしておくとお金持ちになれる
トイレ掃除でガンコを直せばお金が入ってくる
不思議なことは楽しい
MONO COMME ÇA
MONO COMME ÇA

気づきを得たら、即座に書き込むメモ帳。

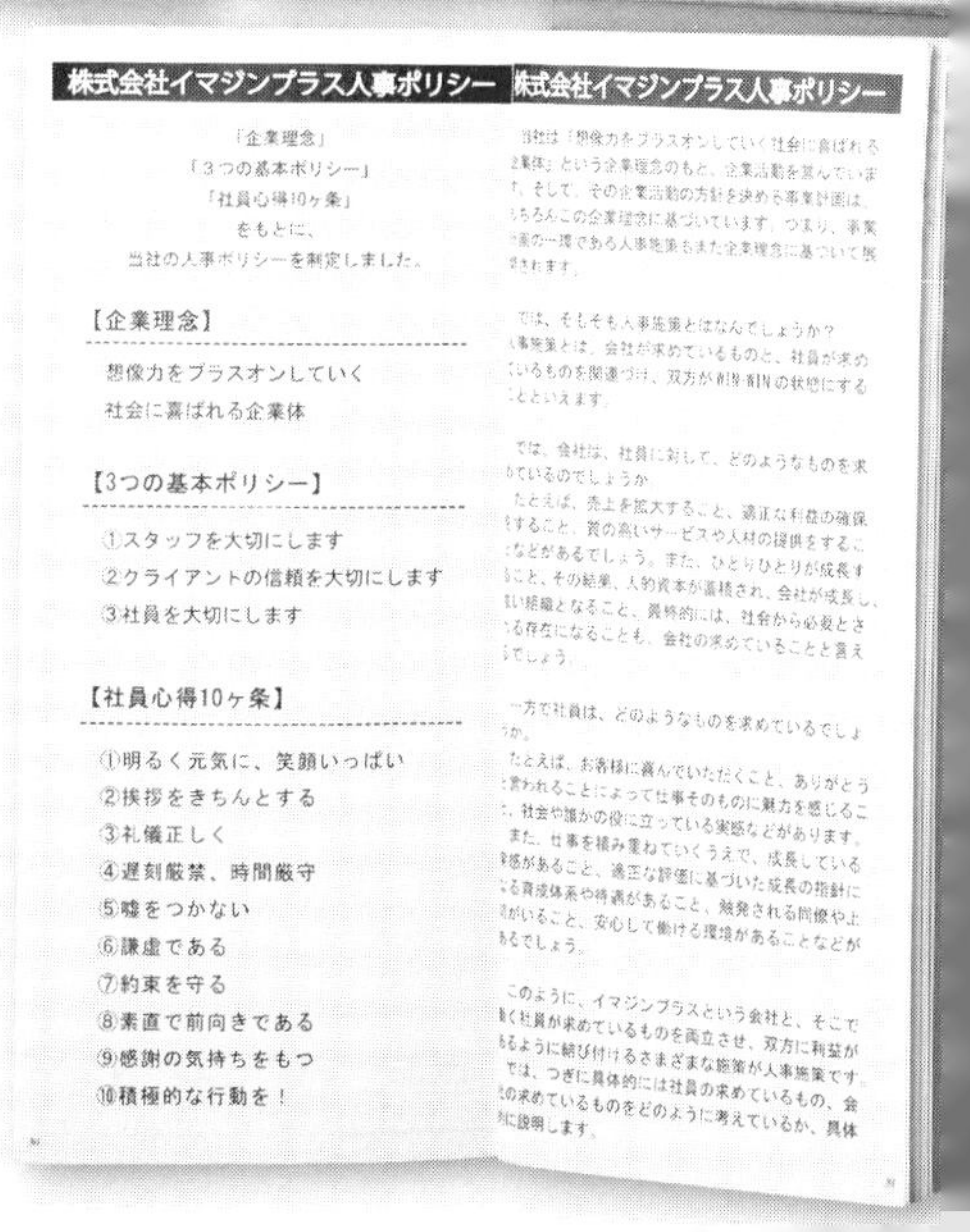
株式会社イマジンプラス人事ポリシー
株式会社イマジンプラス人事ポリシー
「企業理念」
「３つの基本ポリシー」
「社員心得10ヶ条」
をもとに、
当社の人事ポリシーを制定しました。
【企業理念】
想像力をプラスオンしていく
社会に喜ばれる企業体
【3つの基本ポリシー】
①スタッフを大切にします
②クライアントの信頼を大切にします
③社員を大切にします
【社員心得10ヶ条】
①明るく元気に、笑顔いっぱい
②挨拶をきちんとする
③礼儀正しく
④遅刻厳禁、時間厳守
⑤嘘をつかない
⑥謙虚である
⑦約束を守る
⑧素直で前向きである
⑨感謝の気持ちをもつ
⑩積極的な行動を！

企業理念、基本ポリシーなどがかかれた社員手帳。手帳の後半には月ごとの行動管理表が作られていて、継続したい項目をチェックできるようになっている。

「与える」人や会社が、最終的に勝つ理由

私は、とてつもなく稼ぐクライアントたちの家計簿を見せてもらうことが多いのだが、注目するのは、

「何に、いくら、お金を使うか」

消費項目とその額である。

人間、お金を稼ぐときには、嫌なこともする。苦労もする。

しかし、自由意思でお金を使うときには、嫌なことには使わない。自分が「善し」ということに使う。

だから、お金の使い方を見ると、その人の人間性、人生観が分かってくる。

家計簿を分析することは面白い。

分析すると、私のクライアントに共通する、1つの項目が出てきた。

人のために使うことが、多い。額も大きい、という傾向だった。社員との懇親会、友人との付き合い、寄付などに自腹を切っている。これは「与える」ことを「善し」とする心情の表れとみていい。

こういう人は信用され、好かれている。事業が好調で、稼ぎを継続させることのできる背景には、他に「与える」という本人の生き方があるのだ。

「アース」の國分さんは、

「人は、最終的には他人のためにしか頑張れない」

と言っている。

これは逆説的な言い方であって、自分のためにしか頑張れない人というのは、成功しないということだ。なぜ成功しないかというと、人が、結局、離れていくからである。

國分さんがフェラーリを買うのは、若い美容師に、頑張ればこういう最高級車を買うこともできるという証しを見せているのであって、自分の楽しみや虚栄《きょえい》のためではない。國分さんは、今でも杉並の自宅から電車を乗り継いで青山の本社に出勤している。

他人のために頑張る、他人に与える。

それが継続、永続の条件であることは、だれにも理解できよう。

人には「与える人」と「奪う人」がいる、と私は思う。「与える人」に出会ったら最高だが、「奪う人」に出会ったら、最悪である。

「与える」典型は、「のれん分け」に見る「アース」の対応だろう。

従来の美容業界における「のれん分け」は、独立したい美容師には、赤字店を譲るというやり方が主流だった。

フランチャイズ制をとっているグループでも同じで、オーナーは、独立を希望する美容師に赤字店を売却する。

実はこれは、低いレベルでの双方の思惑が一致した結果だったのである。

たとえ赤字の店であろうとも、独立して稼ぐことが目的で頑張ってきた美容師にとって、格安で居抜きの店は魅力だから、その店を買う。そしてフランチャイジーになって、赤字店の売上げから何％かを本部に収める。

赤字店を売ったオーナーは、本来であれば閉店して切り捨てるか、営業努力で黒字転換しなくてはならない店、お荷物の店である。

その店が売れたのだから、新規に別の場所に出店することもできる。本部もロイヤリティが入ってくる。

双方に、メリットを感じさせる仕組みだったことは確かだ。

しかしそのメリットは短期的なものである。

たとえば、赤字店を買った美容師はどうか。

赤字店となるには、相応の理由がある。

また、これまでそれなりの努力をしてきて、なお赤字だったわけだから、これを建て直すのは並大抵ではない。

いちばん困るのは、赤字店に融資をしてくれる金融機関がないということだ。店が古いことが客の少ない理由だとしても、改装費用を捻出できない。これでは、なかなか赤字の地獄から脱却できないのである。

「与える人」には、何が起こるのか

そのために、赤字店を引き受けた美容師は、かなり苦労することになる。本部にしても、短期的な利益である。

赤字店を買った新オーナーが孤軍奮闘しても黒字転換できないとなると、やがて廃業の危機を迎える。店をやめてしまうと、本部にはロイヤリティが入ってこなくなる。長い目で見ると決して得ではない。

ところが國分さんは「アース」がフランチャイズ制を採用したときのスタートから、真逆の方法を取ったのだ。

「儲かっている、黒字の店を譲る」

それをポリシーにしたのである。

独立したい社員は、まず店長をめざす。美容師としてのスキルを磨いて顧客を増やし、店長になる。

店長に昇格したら、今度は経営者修行に入る。売上げを伸ばすだけでなく、将来のために人材育成に努めるのだ。こうして店長としての実績を一定期間以上出して、初めてオーナー候補となる。

そして、オーナーになることが認められたら、自分が手塩にかけて黒字にした店を譲ってもらえることになる。

前述の、赤字の店をあてがわれる場合と、どう違うか、考えてみればいい。自分が頑張って儲かる店にした、その店のオーナーになれるのである。愛着が違うし、モチベーションが違う。

のみならず、黒字の店なら、銀行も融資しやすい。また、「アース」本部からの独自の低利融資もある。改装したい、宣伝したい、というときの資金に不自由はしない。

また、成功するノウハウも、國分さんや山下さんたちがまったく惜しみなく後輩たちに教えていくから、それを自分の店用に応用していけばいいのである。

これはソンしてトク取れ、というパターンではない。どこもソンをしているところがない。ウインウイン、の関係である。

ただし、山下さんが人材の条件で言うように、10年間、休みなく頑張らねば、オーナー候補にはなれない。かなりのハードワークであることは確かだ。

だが、いくらハードワークでも、将来に実のある報酬が待ち受けている。夢がある。だから頑張れるのである。

黒字の店を得た新オーナーは、こうしてさらに儲かる店にし、人材も育て、新店を出すことができる。そこでも自分が受けたと同じ教育システムを社員に施し、黒字の店を新しいオーナーに譲っていく。

こうして黒字の店を譲るシステムが確立すると、黒字店がどんどん広がる、プラスの連鎖が続いていくのである。**「与える」発想、仕組みには、課題を克服していく強さが秘められているのだ。**

「与える」人・会社であると同時に、「応援される」人・会社であることもまた、継続、永続のための枢要な条件である。

國分さんは新宿・歌舞伎町の美容室で店長になったとき、他のスタッフが嫌がる仕事を全部やった。

だれに言われるまでもなく、電柱にビラを貼ったり、トイレの掃除をしたり、床掃除をしたり、という3Kの仕事をやった。

こうしていると、だんだん、人が周りに集まってくる。情熱が伝わり、抱いている目的も次第に分かってくる。

口には出さずとも、

「この人、すごいな」

と思わせる迫力が身についてくる。

楽なことを選ばないと、やがて、周りがこの人を勝たせようとするのである。

他から「応援される」人・会社は無敵だと言っていいだろう。

ライバルをつくりなさい。メンターを持ちなさい

コツコツ頑張ることは、口で言うのは簡単だが、容易なことではない。

しかし、成功するまで、あるいは成功した後も、コツコツと地道に頑張らないと、たちまち追い抜かれてしまうのが、世の習いだ。

また、常に自分の位置を客観視して、独りよがりにならない。これも継続、永続のためには必要な条件である。

少しの有利を勝ちと自己判定するような心のおごりがあると、戦略に濁《にご》りが出てきて、あっという間に逆転されてしまう。そういう例はビジネスの世界では、当たり前にみられることだ。

「アース」の國分さんは、20代のとき、寝る間も惜しんで働いた。生まれつき、

勤勉なタイプだったのかというと、すでにここまでの読者ならお分かりのように真逆である。高校を出て縫製工場で働いているときなどは、さぼってばかりいた。

では、生まれながらに美容師の才能が、國分さんに備わっていたから面白くて頑張れたのか。これも違う。國分さんは週刊誌の広告を見て履歴書を送ったのだが、美容師の世界には無知だったし、「経営者」になれれば美容師でも飲食業でも、何でもよかったのだ。

それなのに、なぜまっしぐらに、休みもなく、働くことができたのか。

答はライバルの存在である。

このころの國分さんの周りには、休日には「休む」グループと、休日も「休まない」グループがいたのだが、國分さんは、

「1日も早く、経営者になる」

を目的に掲げていたから、自然と「休まない」グループに属し、その中でも、いかにたくさん働くかを競っていたのだ。自ら、その環境に飛び込んだのだ。

広く世の中を眺めると、どんな世界にもライバル関係にある人たちがいる。

お互いに相手を意識していて、
「あいつだけには負けられない」
と頑張っている。要は切磋琢磨しているのである。
手帳にライバルの名前を書き込み、意識を燃やすこと。それが継続して頑張ることのできる状況を創っていく。

現在の「アース」も、会社としてのライバルがある。その会社を抜いてトップになるための「経営者100人計画」である。

また、「アース」の内部にもいくつかのライバル関係があるようだ。それらが切磋琢磨して、チームの力強い推進力となっているのである。

ライバルとともに重要なのが、メンターである。メンターの重要性については『年収1億円思考』で詳しく書いた。

メンターもライバルも、その存在は、自分を客観視する目を与えてくれる。

メンター、ライバルとの距離感を手帳で常に確かめていく。それが継続、永続には必須である。

年収1億円稼ぐには、100人の協力者が必要だ

どんなに有能な人間でも、人間の能力には限界がある。一人だけの稼ぎは、大したものではない。

私は一人で稼げる限度は3億円だろうと考えている。10億円、稼ごうと考えたら、一人では絶対にムリである。自分と同等かそれ以上に有能な人間の協力がいる。

有能な社長が一人で頑張っている企業がある。馬車馬のように働いて稼いでいる。しかし、社員が負け犬になっている。

これでは会社の稼ぎは、いずれ知れたところでストップする。社長は自分だけが勝とうとするのでなく、社員に勝たせようとしなくてはならない。

こういう会社の社長は、ナンバー2、ナンバー3を早くつくったほうがいい。

その場合、自分とはタイプの違うナンバー2、ナンバー3をつくることだ。同じタイプだとぶつかり合うことが多くなる。

健康飲料会社のK社長の会社では、専務が高学歴で控え目なタイプ。欲をストレートに外に出さない紳士である。

國分さんとナンバー2の山下さんとも、別のタイプだ。

タイプが違うと、分かち合いになる。主役と脇役が分かち合う。

脇役を育てて、勝たせるようにしていくと、結局は経営者の自分が光るようになるのだ。このことを知っている人は賢い。

つまりは、自分の周囲にどれだけの協力者がいるかということになる。

國分さんは、このあたりのことについて、次のような表現をする。

「年収1千万円なら協力者が10人必要だし、年収1億円なら協力者が100人。年収10億円なら協力者は1千人要る」

ビジネスは人脈で成り立っている。自分一人の力、能力を謙虚に受け止めて、協力者を増やした人間が、永続して勝つのである。

第6章のポイント

「継続」させるために大切なこと

- 朝、起きたら、その日をどのように楽しく演出するかプランニングして、手帳に書きつける。そのワクワク感で、ビジネスにも成功している人がいる。
- 夜、その日の成功体験を手帳に書きつけ、翌朝に読み直して、「もっといい日にしよう」と自分を奮い立たせている社長もいる。同じくワクワク感だ。
- お金はイヤなことに使わない。だからお金の使い方を見ると、その人の人間性、人生観が分かる。成功する人は、与えること、人のために使うことが多い。「アース」の國分さんは「人は最終的には他人のためにしか頑張れない」と言っている。
- 「応援される」ことが事業継続の条件だし、成功の要件だ。そのためには、人のやりたがらないイヤなことも、ハードワークもする必要がある。しかし、どんなにハードワークが続いても、将来に夢がある、実のある報酬が待ち受けているとなれば、だれでも頑張ることができるだろう。
- ライバルとメンターを持て。そして一人の能力には限界があるのだから、協力者をつくれ。それが事業継続の大きな力になる。

〈著者紹介〉

江上 治（えがみ・おさむ）

1億円倶楽部 主幹
株式会社オフィシャル 代表取締役
有限会社佐多税理士事務所 顧問
株式会社T.K.F 顧問
日本ほめる達人協会 理事

1967年、熊本県天草市生まれ。有名スポーツ選手から経営者まで年収1億円を超えるクライアントを50名以上抱える富裕層専門のカリスマ・ファイナンシャル・プランナー。

サラリーマン時代には大手損保会社、外資系保険会社の代理店支援営業において、新規開拓分野にて全国1位を4回受賞し、最短・最年少でマネージャーに昇格を果たす。自身が所属した組織もすべて全国トップの成果を挙げる。

起業後は、保険営業を中心としたFP事務所を設立。人脈ゼロ・資金ゼロから1,000名を超える顧客を開拓し、これまで新規に獲得した保険料売上は600億円超に達する。コミッションは創業3年で業界平均の約5倍、社員3名で1億円を超え、なおも記録更新中。

指導した部下は全国7万人のセールスの中でベスト5に2回入賞。

中小企業のコンサル業務を展開し、サポートした企業の売上が1年で8倍増になるほどの成果を挙げている。

著書に『年収1億円思考』『年収1億円人生計画』（弊社刊）がある。

年収1億円手帳

2013年9月6日　初版第1刷発行

著　者　江　上　　治
発行人　佐　藤　有　美
編集人　渡　部　　周

ISBN978-4-7667-8555-5

発行所　株式会社　経　済　界
〒105-0001　東京都港区虎ノ門1-17-1
出版局　出版編集部☎03（3503）1213
出版営業部☎03（3503）1212
振替 00130-8-160266
http://www.keizaikai.co.jp

印刷　㈱光　邦